カンタン基本フレーズで

# 韓国語が
# しゃべれる本

**難しい文法は知らなくても
これだけ話せる！**

石田美智代●著

永岡書店

# はじめに

　韓国語は、一見暗号のように見える文字のため、とっつきにくい印象を与えますが、実は間違いなく「日本人にとって最も簡単に学べる外国語」なのです。何といっても、日本語と語順がほとんど同じですし、韓国も日本と同じ漢字文化圏の国なので、音が似ている単語も多くあります。この「学びやすさ」を最大限に活かしたのが本書です。

　本書は4つの章に分かれています。第1章では韓国語の基本的なフレーズと韓国語の特徴や発音を簡単に説明しています。第2章は「〜はいくらですか?」「〜をください」といった基本表現を取り上げ、単語を入れ替えることで様々な場面で応用が利くようになっています。第3章は買い物や観光など、場面別に実践的なフレーズを紹介しています。

　近年、日本では韓国の映画やドラマ、歌謡曲などが好感をもって受け入れられ、韓国への旅行者が急増しています。韓国文化を積極的に楽しむために、最初はカタカナの拾い読みでもあっても、韓国の人々とコミュニケーションができるという手ごたえをつかんでいただけることを願います。

石田　美智代

# もくじ

## 第1章　韓国語 はじめの一歩

基本表現① あいさつ .................... 10
  ● こんにちは。　　● さようなら。
基本表現② 返事／呼びかけ .............. 12
  ● はい。　● いいえ。　● あの、すみません！
基本表現③ お礼／謝る .................. 14
  ● ありがとう。　　● すみません。
韓国語とは ............................ 16
  ● 韓国語とハングル　● 文字の形
発音について .......................... 17
  ● 母音の発音　● 子音の発音　● 反切表
  ● パッチム　　● リエゾン
漢字の活用 ............................ 24
  ● 漢字に置き換える
メニューを読む ........................ 26

## 第2章　さしかえフレーズ

〜です／〜ですか？ .................... 30
  ● A（名詞）＋です。
  ● A（名詞）＋ですか？
  ● B（形容詞）＋です。
  ● B（形容詞）＋ですか？
  ● A（名詞）＋B（形容詞）＋です。
  ● A（名詞）＋B（形容詞）＋ですか？
〜ください（名詞＋ください） .......... 36
  ● A（名詞）＋ください。
  ● B（数量）＋ください。
  ● A（名詞）＋B（数量）＋ください。
〜ください（動詞＋ください） .......... 42
  ● A（動詞）＋ください。
  ● B（名詞）＋A（動詞）＋ください。

## ～してください ..................... 46
- A (名詞) ＋してください。
- B (形容詞) ＋してください。
- B (形容詞) ＋ A (名詞) ＋してください。

## ～教えてください ..................... 52
- A (名詞) ＋教えてください。
- B (どのように) ＋教えてください。
- A (名詞) ＋ B (どのように) ＋教えてください。

## ～ありますか？ ..................... 58
- A (名詞) ＋ありますか？
- B (場所) ＋ありますか？
- A (名詞) ＋ B (場所) ＋ありますか？

## ～いくらですか？ ..................... 64
- A (名詞) ＋いくらですか？
- B (数量) ＋いくらですか？
- A (名詞) ＋ B (数量) ＋いくらですか？

## ～お願いします ..................... 70
- A (名詞) ＋お願いします。
- B (どのように) ＋お願いします。
- A (名詞) ＋ B (どのように) ＋お願いします。

## ～したいです ..................... 76
- A (動詞) ＋たいです。
- B (名詞) ＋ A (動詞) ＋たいです。

## ～どこですか？ ..................... 80
- A (名詞) ＋どこですか？
- B (どんな) ＋ A (名詞) ＋どこですか？

## ～してもいいですか？ ..................... 84
- A (動詞) ＋いいですか？
- B (名詞) ＋ A (動詞) ＋いいですか？

## ～できますか？ ..................... 88
- A (動詞) ＋ますか？
- B (名詞) ＋ A (動詞) ＋ますか？

## ～できません ..................... 92
- A (動詞) ＋ません。
- B (名詞) ＋ A (動詞) ＋ません。

**コラム** 韓国のピクトグラム ..................... 96

## 第3章 場面別フレーズ

**機内〜ホテル**
- 機内で .................................. 98
- 空港で .................................. 100
- 両替 ...................................... 102
- タクシーで ............................ 104
- ホテルで ................................ 106
- ホテルでの頼みごと .............. 108

**乗りもの**
- 長距離鉄道 ............................ 110
- 地下鉄 .................................... 112
- 高速バス ................................ 114
- 路線バス ................................ 116

**ショッピング**
- 服を買う ................................ 118
- 服を注文する ........................ 120
- 食べものを買う .................... 122
- お土産を買う ........................ 124
- 値段の交渉 ............................ 126

**食事**
- レストランの予約 ................ 128
- レストランで ........................ 130

**観光**
- 観光案内所で ........................ 132
- 観光ツアー ............................ 134
- 写真を撮る ............................ 136
- 博物館／美術館に行く ........ 138

**遊ぶ**
- チケットを買う .................... 140
- 映画館／劇場に行く ............ 142
- カラオケに行く .................... 144
- サウナ／エステに行く ........ 146
- 占いに行く ............................ 148

| その他 | 電話をする | 150 |
|---|---|---|
| | 郵便局に行く | 152 |
| | 自己紹介 | 154 |
| | 薬局に行く | 156 |
| | 病院に行く | 158 |
| | トラブル会話 | 160 |

コラム いつか訪れたい韓国の街 ................. 162

## 付　録　単語集

| 乗りもの | 164 | トラブル | 179 |
|---|---|---|---|
| 泊まる | 165 | 日用雑貨 | 179 |
| 食べる | 166 | 電気製品 | 180 |
| メニュー | 167 | 家族 | 181 |
| 味わう | 168 | 職業 | 181 |
| 食材 | 168 | 動物 | 182 |
| 野菜／くだもの | 169 | 植物 | 183 |
| ショッピング | 170 | 方角 | 184 |
| 色／サイズ | 171 | 国名 | 184 |
| 支払い交渉 | 171 | 韓国の地名 | 185 |
| 手紙／電話 | 172 | 日本の地名 | 186 |
| 通信 | 173 | 地理 | 186 |
| 銀行 | 174 | 天候 | 187 |
| 観光 | 174 | 漢字語の数詞 | 188 |
| 遊ぶ | 175 | 固有語の数詞 | 189 |
| 美容 | 176 | 時間 | 190 |
| 体の部位 | 177 | 月日／曜日 | 191 |
| 病気 | 177 | | |

## 本書の特長と使い方

　本書は全体が４つの章で構成されています。韓国語学習が初めての方でも旅先などで今すぐ言いたいことが伝えられるように、わかりやすく便利に工夫されています。

### 第１章◆韓国語 はじめの一歩
　覚えておきたい簡単なあいさつのフレーズと、韓国語の基本的なしくみを解説してあります。

### 第２章◆さしかえフレーズ
　特に使用頻度の高い表現を取り上げ、文の構造がイラストで簡単に理解できるようになっています。
　色分けしてある単語をそのままさしかえられるように、動詞／形容詞は、用例にあわせて語尾変化した形で載せてあります。
　また本書では例文を覚えやすくするため、省略可能な助詞は省いてあります。

A＋B＋주세요.
ジュセヨ

大人1枚ください。
| 어른 | 한 장 | 주세요. |
| オルン | ハン ジャン | ジュセヨ |

A群の単語にさしかえが可能　　B群の単語にさしかえが可能

### 第３章◆場面別フレーズ
　旅行などの場面で役に立つフレーズを集めました。それぞれ文中のキーワードに色がついています。

### 付　録◆単語集
　知りたい言葉がすぐ探せるカテゴリー検索になっています。第２章のさしかえ単語としても活用できます。

# 第1章
# 韓国語 はじめの一歩

第1章◆韓国語 はじめの一歩

## 基本表現① あいさつ

● こんにちは。

# 안녕하세요.
アン　ニョン　ハ　セ　ヨ

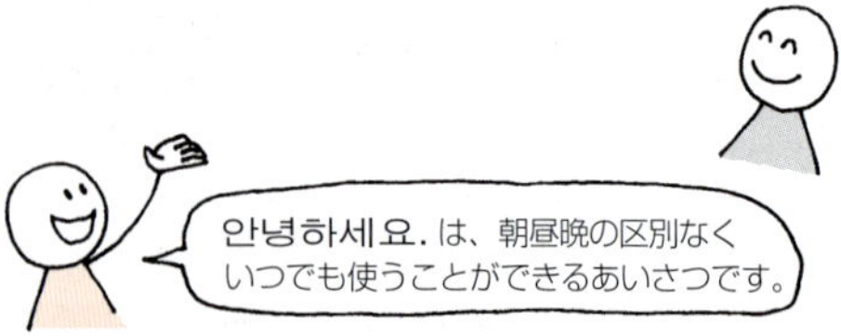

안녕하세요. は、朝昼晩の区別なく
いつでも使うことができるあいさつです。

はじめまして。
## 처음 뵙겠습니다.
チョ　ウム　ペプ　ケッ　スム　ニ　ダ

お会いできてうれしいです。
## 반갑습니다.
パン　ガプ　スム　ニ　ダ

お久しぶりです。
## 오래 간만이에요.
オ　レ　ガン　マ　ニ　エ　ヨ

よろしくお願いします。
## 잘 부탁합니다.
チャル　プ　タッ　カム　ニ　ダ

第1章◆韓国語 はじめの一歩

基本表現

● さようなら。(去る人に)

# 안녕히 가세요.
アン ニョン ヒ　カ セ ヨ

● さようなら。(留まる人に)

# 안녕히 계세요.
アン ニョン ヒ　ケ セ ヨ

> 2人ともその場を立ち去るときには、안녕히 가세요.を使います。

**また会いましょう。**

또 만납시다.
ト　マン ナッ シ ダ

**お元気で。**

건강하세요.
コン ガン ハ セ ヨ

**お世話になりました。**

신세 많이 졌습니다.
シン セ　マ ニ　チョッ スム ニ ダ

**おやすみなさい。**

안녕히 주무세요.
アン ニョン ヒ　ジュ ム セ ヨ

## 基本表現② 返事／呼びかけ

● はい。

예. / 네.
イェー　ネー

● いいえ。

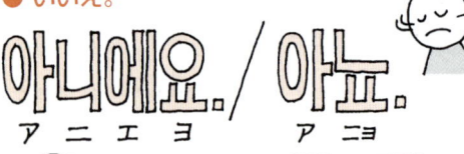

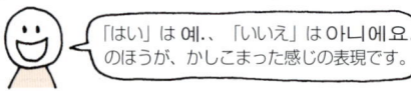

아니에요. / 아뇨.
アニエヨ　　アニョ

> 「はい」は 예.、「いいえ」は 아니에요. のほうが、かしこまった感じの表現です。

**分かりました。**

알겠어요.
アル　ゲッ　ソ　ヨ

**分かりません。**

모르겠어요.
モ　ル　ゲッ　ソ　ヨ

**何とおっしゃいましたか？**

뭐라고 하셨어요?
ムォ ラ ゴ　ハ ショッ ソ ヨ

**ゆっくり話してください。**

천천히 말씀해 주세요.
チョン チョ ニ　マル スム ヘ　ジュ セ ヨ

第1章 ◆ 韓国語 はじめの一歩

基本表現

● あの、すみません！

# 저기요!
チョ ギ ヨ

> おじさん、すみません！
> # 아저씨！
> ア ジョ シ

> おばさん、すみません！
> # 아줌마！
> ア ジュㇺ マ

> おねえさん、すみません！
> # 아가씨！
> ア ガ シ

レストランなどで人に声をかけるときは、相手によって 아저씨（おじさん）、아줌마（おばさん）、아가씨（おねえさん）を使い分けます。

13

第1章 ◆ 韓国語 はじめの一歩

# 基本表現③ お礼／謝る

● ありがとう。

고마워요.
コ マ ウォ ヨ

**感謝します。**

감사합니다.
カム サ ハム ニ ダ

**うれしいです！**

기뻐요!
キッ ポ ヨ

**どういたしまして。**

천만에요.
チョン マ ネ ヨ

**お疲れさまでした。**

수고하셨어요.
ス ゴ ハ ショッ ソ ヨ

第1章 ◆ 韓国語 はじめの一歩

基本表現

● すみません。（軽く謝るとき）

# 미안해요.
ミ アネ ヨ

**申し訳ありません。**

## 죄송합니다.
チェ ソン ハム ニ ダ

**ご迷惑をおかけしました。**

## 폐 많이 끼쳤습니다.
ペ マニ キ チョッ スム ニ ダ

**大丈夫ですよ。**

## 괜찮아요.
クェン チャ ナ ヨ

**気にしないでください。**

## 신경 쓰지 마세요.
シン ギョン ス ジ マ セ ヨ

第1章◆韓国語 はじめの一歩

# 韓国語とは

## ● 韓国語とハングル

韓国語の文字を「ハングル－한글」といいます。韓国語は日本語と語順がほとんど同じなので、簡単な文なら、日本語の単語を韓国語に置き換えるだけで作ることができます。

| これ | いくら | ですか | 1 | 個 | ください |
|---|---|---|---|---|---|
| 이거 | 얼마 | 에요? | 한 | 개 | 주세요. |
| イゴ | オルマ | エヨ | ハン | ゲ | チュセヨ |

## ● 文字の形

ハングルは、母音と子音の組み合わせで構成されています。基本的な組み合わせの配置ルールは以下のとおりです。

### ①子音＋母音　母音は右側か下側に置きます。

ㄱ ＋ ㅏ ＝ 가 (k+a=ka)　　　ㅅ ＋ ㅜ ＝ 수 (s+u=su)

### ②子音＋母音＋子音　最後の子音は下側に置きます。

ㅎ ＋ ㅏ ＋ ㄴ ＝ 한
(h+a+n=han)

ㄱ ＋ ㅜ ＋ ㄱ ＝ 국
(g+u+g=gug)

# 発音について

## ● 母音の発音

母音には、基本母音が10個と、それらを組み合わせた複合母音が11個あります。

### 基本母音

| | |
|---|---|
| ㅏ | 日本語の「ア」とほとんど同じ。 |
| ㅑ | 日本語の「ヤ」とほとんど同じ。 |
| ㅓ | 「ア」の口で「オ」と発音する。 |
| ㅕ | 「ア」の口で「ヨ」と発音する。 |
| ㅗ | 唇をすぼめて「オ」と発音する。 |
| ㅛ | 唇をすぼめて「ヨ」と発音する。 |
| ㅜ | 唇をすぼめて「ウ」と発音する。 |
| ㅠ | 唇をすぼめて「ユ」と発音する。 |
| ㅡ | 「イ」の口で唇を横に引き「ウ」と発音する。 |
| ㅣ | 日本語の「イ」とほとんど同じ。 |

### 複合母音

| | |
|---|---|
| ㅐ | すこし口を広げて「エ」と発音する。 |
| ㅒ | 「イェ」と1音節で発音する。 |
| ㅔ | 日本語の「エ」とほとんど同じ。 |
| ㅖ | 「イェ」と1音節で発音する。 |
| ㅘ | 日本語の「ワ」とほとんど同じ。 |
| ㅙ | 「ウェ」と1音節で発音する。 |
| ㅚ | 「ウェ」と1音節で発音する。 |
| ㅝ | 「ウォ」と1音節で発音する。 |
| ㅞ | 「ウェ」と1音節で発音する。 |
| ㅟ | 「ウィ」と1音節で発音する。 |
| ㅢ | 「イ」の口で唇を横に引き「ウィ」と発音する。 |

## ● 子音の発音

子音には、平音が10個、激音が4個、濃音が5個あります。

### 平音

| | |
|---|---|
| ㄱ | カ行の子音。語中ではガ行。 |
| ㄴ | ナ行の子音。 |
| ㄷ | タ行の子音。語中ではダ行。 |
| ㄹ | ラ行の子音。 |
| ㅁ | マ行の子音。 |
| ㅂ | パ行の子音。語中ではバ行。 |
| ㅅ | サ行の子音。 |
| ㅇ | 無音。 |
| ㅈ | チ、チャ行の子音。語中ではジ、ジャ行。 |
| ㅎ | ハ行の子音。 |

### 激音

| | |
|---|---|
| ㅋ | ㄱの音を強い息を吐き出して発音。 |
| ㅌ | ㄷの音を強い息を吐き出して発音。 |
| ㅍ | ㅂの音を強い息を吐き出して発音。 |
| ㅊ | ㅈの音を強い息を吐き出して発音。 |

### 濃音

| | |
|---|---|
| ㄲ | ㄱの音を息を止めて発音。 |
| ㄸ | ㄷの音を息を止めて発音。 |
| ㅃ | ㅂの音を息を止めて発音。 |
| ㅆ | ㅅの音を息を止めて発音。 |
| ㅉ | ㅈの音を息を止めて発音。 |

※激音と濃音について

　日本語にない韓国語の発音に、激音と濃音があります。激音 ㅋ、ㅌ、ㅍ、ㅊ は、強い息を吐き出し声は出さない感じで発音します。카 は「カﾊ」、타 は「タﾊ」、파 は「パﾊ」、차 は「チャﾊ」という具合です。

　一方、濃音 ㄲ、ㄸ、ㅃ、ㅆ、ㅉ は喉を締めつけ息を出さずに声だけ出す感覚で発音します。까 は「ッカ」、따 は「ッタ」、빠 は「ッタ」、싸 は「ッサ」、짜 は「ッチャ」と、前に小さな「ッ」をつけて発音するとよいでしょう。

　ここで、p17～18の母音／子音の表を見ながら、以下の単語を読んでみましょう。

와　이　샤　스
ワ　イ　シャ　ス

토　마　토
ト　マ　ト

　外来語などは読むだけで意味が分かるものが多くあります。ただ、以下のように日本語での発音と大きく違ってしまうものもあります。

ティファニー → 티파니 (ティパニ)

マクドナルド → 맥드날드 (メクドゥナルドゥ)

コーヒー　　→ 커피 (コピ)

第1章◆韓国語 はじめの一歩

発音について

## 反切表（基本母音と子音の組み合わせ一覧表）

| | | 基本母音 | | | | |
|---|---|---|---|---|---|---|
| | | ㅏ | ㅑ | ㅓ | ㅕ | ㅗ |
| 子音（平音） | ㄱ | 가<br>カ・ガ | 갸<br>キャ・ギャ | 거<br>コ・ゴ | 겨<br>キョ・ギョ | 고<br>コ・ゴ |
| | ㄴ | 나<br>ナ | 냐<br>ニャ | 너<br>ノ | 녀<br>ニョ | 노<br>ノ |
| | ㄷ | 다<br>タ・ダ | 댜<br>ティヤ・ディヤ | 더<br>ト・ド | 뎌<br>ティョ・ディョ | 도<br>ト・ド |
| | ㄹ | 라<br>ラ | 랴<br>リャ | 러<br>ロ | 려<br>リョ | 로<br>ロ |
| | ㅁ | 마<br>マ | 먀<br>ミャ | 머<br>モ | 며<br>ミョ | 모<br>モ |
| | ㅂ | 바<br>パ・バ | 뱌<br>ピャ・ビャ | 버<br>ポ・ボ | 벼<br>ピョ・ビョ | 보<br>ポ・ボ |
| | ㅅ | 사<br>サ | 샤<br>シャ | 서<br>ソ | 셔<br>ショ | 소<br>ソ |
| | ㅇ | 아<br>ア | 야<br>ヤ | 어<br>オ | 여<br>ヨ | 오<br>オ |
| | ㅈ | 자<br>チャ・ジャ | 쟈<br>チャ・ジャ | 저<br>チョ・ジョ | 져<br>チョ・ジョ | 조<br>チョ・ジョ |
| | ㅎ | 하<br>ハ | 햐<br>ヒャ | 허<br>ホ | 혀<br>ヒョ | 호<br>ホ |
| 子音（激音） | ㅊ | 차<br>チャ | 챠<br>チャ | 처<br>チョ | 쳐<br>チョ | 초<br>チョ |
| | ㅋ | 카<br>カ | 캬<br>キャ | 커<br>コ | 켜<br>キョ | 코<br>コ |
| | ㅌ | 타<br>タ | 탸<br>ティヤ | 터<br>ト | 텨<br>ティョ | 토<br>ト |
| | ㅍ | 파<br>パ | 퍄<br>ピャ | 퍼<br>ポ | 펴<br>ピョ | 포<br>ポ |
| 子音（濃音） | ㄲ | 까<br>カ | 꺄<br>キャ | 꺼<br>コ | 껴<br>キョ | 꼬<br>コ |
| | ㄸ | 따<br>タ | 땨<br>ティヤ | 떠<br>ト | 뗘<br>ティョ | 또<br>ト |
| | ㅃ | 빠<br>パ | 뺘<br>ピャ | 뻐<br>ポ | 뼈<br>ピョ | 뽀<br>ポ |
| | ㅆ | 싸<br>サ | 쌰<br>シャ | 써<br>ソ | 쎠<br>ショ | 쏘<br>ソ |
| | ㅉ | 짜<br>チャ | 쨔<br>チャ | 쩌<br>チョ | 쪄<br>チョ | 쪼<br>チョ |

# 第1章 ◆ 韓国語 はじめの一歩

この表で基本的なハングルの読み方を覚えましょう。

発音について

| | | 基本母音 | | | | |
|---|---|---|---|---|---|---|
| | | ㅛ | ㅜ | ㅠ | ㅡ | ㅣ |
| 子音（平音） | ㄱ | 교 キョ・ギョ | 구 ク・グ | 규 キュ・ギュ | 그 ク・グ | 기 キ・ギ |
| | ㄴ | 뇨 ニョ | 누 ヌ | 뉴 ニュ | 느 ヌ | 니 ニ |
| | ㄷ | 됴 ティョ・ディョ | 두 トゥ・ドゥ | 듀 テュ・デュ | 드 トゥ・ドゥ | 디 ティ・ディ |
| | ㄹ | 료 リョ | 루 ル | 류 リュ | 르 ル | 리 リ |
| | ㅁ | 묘 ミョ | 무 ム | 뮤 ミュ | 므 ム | 미 ミ |
| | ㅂ | 뵤 ピョ・ビョ | 부 プ・ブ | 뷰 ピュ・ビュ | 브 プ・ブ | 비 ピ・ビ |
| | ㅅ | 쇼 ショ | 수 ス | 슈 シュ | 스 ス | 시 シ |
| | ㅇ | 요 ヨ | 우 ウ | 유 ユ | 으 ウ | 이 イ |
| | ㅈ | 죠 チョ・ジョ | 주 チュ・ジュ | 쥬 チュ・ジュ | 즈 チュ・ジュ | 지 チ・ジ |
| | ㅎ | 효 ヒョ | 후 フ | 휴 ヒュ | 흐 フ | 히 ヒ |
| 子音（激音） | ㅊ | 쵸 チョ | 추 チュ | 츄 チュ | 츠 チュ | 치 チ |
| | ㅋ | 쿄 キョ | 쿠 ク | 큐 キュ | 크 ク | 키 キ |
| | ㅌ | 툐 ティョ | 투 トゥ | 튜 テュ | 트 トゥ | 티 ティ |
| | ㅍ | 표 ピョ | 푸 プ | 퓨 ピュ | 프 プ | 피 ピ |
| 子音（濃音） | ㄲ | 꾜 キョ | 꾸 ク | 뀨 キュ | 끄 ク | 끼 キ |
| | ㄸ | 뚀 ティョ | 뚜 トゥ | 뜌 テュ | 뜨 トゥ | 띠 ティ |
| | ㅃ | 뽀 ピョ | 뿌 プ | 쀼 ピュ | 쁘 プ | 삐 ピ |
| | ㅆ | 쑈 ショ | 쑤 ス | 쓔 シュ | 쓰 ス | 씨 シ |
| | ㅉ | 쬬 チョ | 쭈 チュ | 쮸 チュ | 쯔 チュ | 찌 チ |

## ● パッチム

韓国語には日本語と違い、子音で終る音節があります。「子音+母音+子音」で構成される音節です。この、いちばん最後にくる子音を「パッチム」と呼びます。

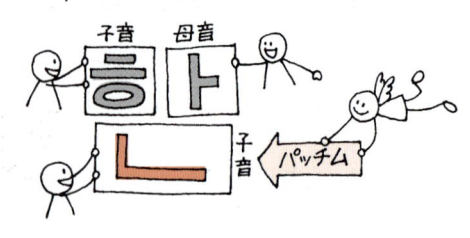

ㅎ + ㅏ + ㄴ = 한 (h+a+n=han)

ㄱ + ㅜ + ㄱ = 국 (g+u+g=gug)

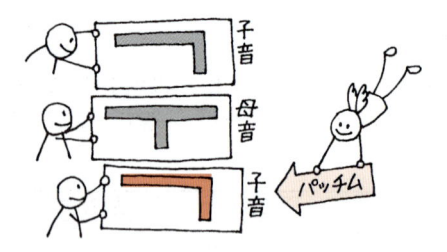

## ※本書のルビについて

ハングルにはカタカナのルビをふっていますが、パッチムは日本語にない音が多いので、ルビで正確な音を表すことができません。

特にパッチムの ㄱ、ㅂ、ㅁ、ㄹ の音を「ク」、「プ」、「ム」、「ル」と小さな文字で書き表していますが、これらは ku でなく k、pu でなく p、mu でなく m、lu でなく l というように、決して母音をつけないよう、発音に気をつけてください。

第1章 ◆韓国語 はじめの一歩

発音について

● リエゾン

　パッチムのある文字の後ろに、無音の子音 ㅇ で始まる文字（＝母音）がくるときは、パッチムと次の文字の母音をくっつけて発音します。これを「リエゾン（連音）」と呼びます。

　例えば、한국어 （韓国語）は、以下のようにパッチムのㄱと次の어がくっついて発音されます。

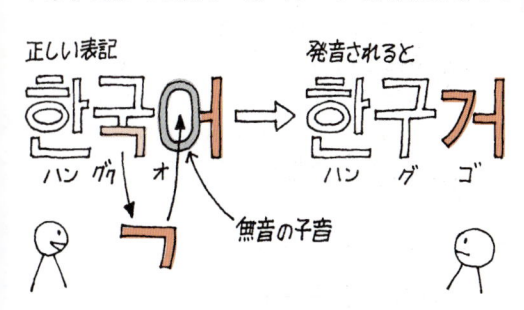

正しい表記　　　　　　発音されると

한국어 → 한구거
ハン グク オ　　　　　ハン グ ゴ

ㄱ　　無音の子音

　韓国語は、日本語と同じように助詞「て、に、を、は」を使います。この助詞が、頻繁にリエゾンを引き起こします。

| 名詞 | ＋ | 助詞 | → | 読み方 |
|---|---|---|---|---|
| ソウル 서울 ソウル | | で 에서 エソ | | ソウレソ |
| その方 그분 クブン | | に 에게 エゲ | | クブネゲ |
| 名刺 명함 ミョンハム | | を 을 ウル | | ミョンハムル |
| 本 책 チェク | | は 은 ウン | | チェグン |
| 時間 시간 シガン | | が 이 イ | | シガニ |

第1章◆韓国語 はじめの一歩

# 漢字の活用

## ● 漢字に置き換える

韓国も日本と同様、漢字文化圏の国なので、ハングルで表記されていても漢字に置き換えられる単語が多くあります。

<u>출발</u> <u>시간</u>을 <u>전화</u>로 <u>확인</u> 해 주세요.
チュルバル シガヌル チョヌァロ ファギン ヘ ジュセヨ

↓ ↓ ↓ ↓

<u>出発</u> <u>時間</u>を <u>電話</u>で <u>確認</u> して ください

中には漢字が同じでも意味が違うものもありますが、以下のように日本語の発音と似ているものも多くあります。

旅館 — 여관 ヨグァン

観光 — 관광 クァングァン

教科書 — 교과서 キョグァソ

今度は、自分の名前をハングルで書いてみましょう。

山田→야마다　鈴木→스즈키

神崎→간자키

日本語の「ざ」「ず」「つ」は韓国語の発音にないため、「자」「즈」「쓰」などで代用します。

第1章◆韓国語 はじめの一歩

漢字の活用

　基本的に、1つの漢字の読み方は1つですから、知っている熟語の漢字を組み替えることで、ボキャブラリーがどんどん増えていきます。

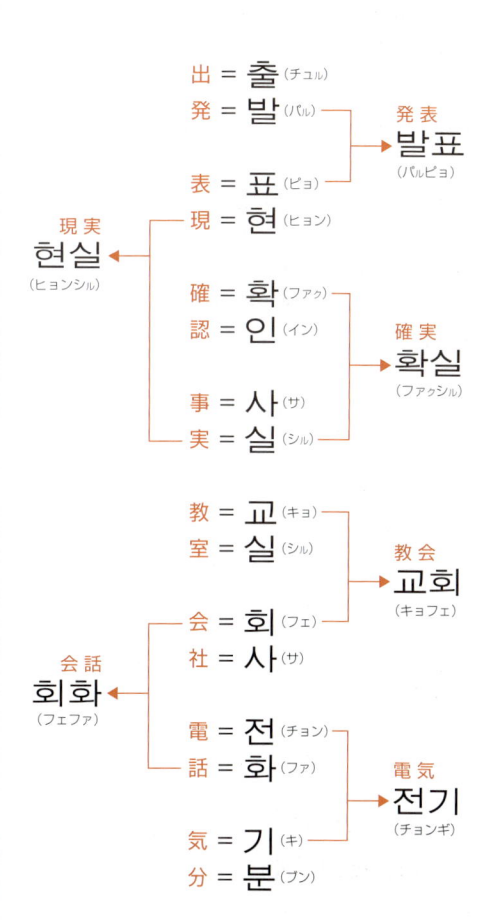

出 = 출 (チュル)
発 = 발 (パル)
表 = 표 (ピョ)

発表
→ 발표 (パルピョ)

現実
현실 ← 現 = 현 (ヒョン)
(ヒョンシル)

確 = 확 (ファク)
認 = 인 (イン)

確実
→ 확실 (ファクシル)

事 = 사 (サ)
実 = 실 (シル)

教 = 교 (キョ)
室 = 실 (シル)

教会
→ 교회 (キョフェ)

会 = 회 (フェ)
社 = 사 (サ)

会話
회화 ←
(フェファ)

電 = 전 (チョン)
話 = 화 (ファ)

電気
→ 전기 (チョンギ)

気 = 기 (キ)
分 = 분 (ブン)

第1章 ◆ 韓国語 はじめの一歩

# メニューを読む

レストランのメニューはたいていハングル表記です。看板やメニューを読む練習をしましょう。

## ベーシック・メニュー

| 김치 | キムチ<br>キムチ |
|---|---|
| 나물 | ナムル<br>ナムル |
| 지짐이 | チジミ<br>チヂミ |
| 비빔밥 | ビビムバプ<br>ビビンバ |
| 돌솥 비빔밥 | トルソッビビムバプ<br>石焼ビビンバ |
| 잡채 | チャプチェ<br>チャプチェ |
| 물냉면 | ムルレンミョン<br>水冷麺 |
| 비빔냉면 | ビビムネンミョン<br>ビビン冷麺 |
| 불고기 | プルコギ<br>焼肉 |
| 갈비구이 | カルビクイ<br>骨つきカルビ |
| 김치찌개 | キムチチゲ<br>キムチ鍋 |
| 삼계탕 | サムゲタン<br>参鶏湯 |
| 육개장 | ユクケジャン<br>辛い牛のスープ |
| 곰탕 | コムタン<br>牛テールのスープ |

第1章 ◆ 韓国語 はじめの一歩

メニューを読む

## ご飯もの

| 볶음밥 | ポックムパプ<br>チャーハン |
| --- | --- |
| 호박죽 | ホバクチュク<br>カボチャのお粥 |
| 전복죽 | チョンボクチュク<br>アワビのお粥 |
| 김밥 | キムパプ<br>韓国のり巻 |

## 麺類

| 칼국수 | カルククス<br>手打うどん |
| --- | --- |
| 콩국수 | コンククス<br>冷たい豆乳スープの麺 |
| 짜장면 | チャジャンミョン<br>ジャージャー麺 |
| 짬뽕 | チャムポン<br>チャンポン |
| 쫄면 | チョルミョン<br>コチュジャンのたれつき麺 |
| 라면 | ラミョン<br>ラーメン |

## スープ

| 갈비탕 | カルビタン<br>牛の煮込みスープ |
| --- | --- |
| 설렁탕 | ソルロンタン<br>牛肉だしのスープ |
| 해장국 | ヘジャンクク<br>モツと血のスープ |
| 만두국 | マンドゥクク<br>ギョーザスープ |

## 鍋もの

| 韓国語 | 読み | 意味 |
|---|---|---|
| 된장찌개 | トゥェンジャンチゲ | 味噌味の鍋 |
| 순두부찌개 | スンドゥブチゲ | 辛い豆腐鍋 |
| 매운탕 | メウンタン | 辛い魚の鍋 |
| 아구탕 | アグタン | 辛いアンコウ鍋 |
| 감자탕 | カムジャタン | 辛い豚とジャガイモの鍋 |
| 추어탕 | チュオタン | ドジョウ鍋 |
| 해물전골 | ヘムルチョンゴル | 海鮮鍋 |

## 焼きもの／炒めもの

| 韓国語 | 読み | 意味 |
|---|---|---|
| 돼지갈비 | トゥェジカルビ | 豚カルビ |
| 닭갈비 | タッカルビ | 鶏肉と野菜炒め |
| 삼겹살 | サムギョプサル | 豚ばら肉 |
| 어징어볶음 | オジンオポックム | イカと野菜炒め |
| 파전 | パジョン | ネギたっぷりのお好み焼き |

## その他

| 韓国語 | 読み | 意味 |
|---|---|---|
| 곱창전골 | コプチャンチョンゴル | モツ煮 |
| 한정식 | ハンジョンシク | 韓国伝統料理のコース |

# 第2章
# さしかえフレーズ

# 〜です／〜ですか？

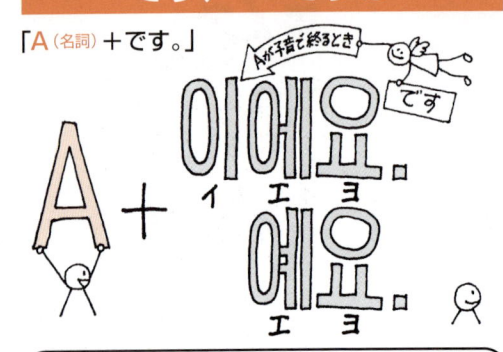

「A（名詞）＋です。」

Aがパッチムで終わるとき → です

A ＋ 이에요. (イエヨ)
예요. (エヨ)

山田です。
**야마다**예요.
ヤ マ ダ エ ヨ

日本人です。
**일본사람**이에요.
イル ボン サ ラ ミ エ ヨ

## さしかえてみよう

### 職業

| 公務員 | 공무원 コン ムウォン | 主婦 | 주부 チュブ |
| 銀行員 | 은행원 ウ ネンウォン | 会社員 | 회사원 フェサウォン |
| 自営業 | 자영업 チャ ヨン オ゚ | 自由業 | 자유업 チャ ユ オ゚ |
| 販売員 | 판매원 パン メウォン | 大学生 | 대학생 テ ハッ セン |
| 教師 | 교사 キョサ | 高校生 | 고등학생 コ ドゥン ハッ セン |

第2章 ◆ さしかえフレーズ

「A（名詞）＋ですか？」

A ＋ 이에요? (イエヨ)
　　 예요? (エヨ)

| 何ですか？ |
|---|
| **뭐**예요？<br>ムォ エ ヨ |

| 誰ですか？ |
|---|
| **누구**예요？<br>ヌ グ エ ヨ |

～です／～ですか？

## さしかえてみよう

| 指示 | | 人 | |
|---|---|---|---|
| どれ | 어느거<br>オヌゴ | 韓国人 | 한국사람<br>ハングゥ サ ラム |
| どちら | 어느쪽<br>オ ヌ チョッ | 中国人 | 중국사람<br>チュングゥ サ ラム |
| 何日 | 며칠<br>ミョッチル | アメリカ人 | 미국사람<br>ミ グゥ サ ラム |
| 何時 | 몇시<br>ミョッシ | 在日韓国人 | 재일교포<br>チェ イル キョッ ポ |
| いつ | 언제<br>オンジェ | 在米韓国人 | 재미교포<br>チェ ミ キョッ ポ |

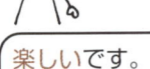

第2章 ◆ さしかえフレーズ

「B(形容詞)＋です。」

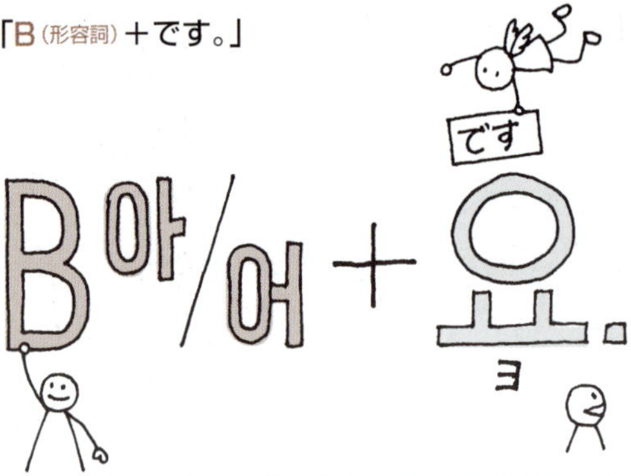

# B 아/어 ＋ 요.

楽しいです。
**재미있어**요.
チェ ミ イッ ソ ヨ

難しいです。
**어려워**요.
オ リョ ウォ ヨ

## さしかえてみよう

### 感情

| | | | |
|---|---|---|---|
| うれしい | 기뻐 キッポ | 悲しい | 슬퍼 スルポ |
| 恥ずかしい | 부끄러워 プクロウォ | なつかしい | 그리워 クリウォ |

### 味覚

| | | | |
|---|---|---|---|
| 甘い | 달아 タラ | 苦い | 써 ソ |
| 濃い | 진해 チネ | 薄い | 싱거워 シンゴウォ |

第2章◆さしかえフレーズ

「B(形容詞)＋ですか？」

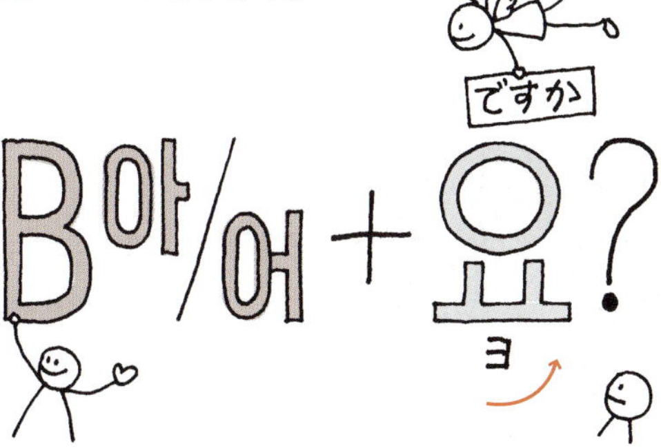

B 아/어 ＋ 요? ですか

～です／～ですか？

辛いですか？
**매워**요?
メ ウォ ヨ

忙しいですか？
**바빠**요?
パッ パ ヨ

## さしかえてみよう

| 状態 | | | |
|---|---|---|---|
| 大きい | 커<br>コ | 小さい | 작아<br>チャ ガ |
| 広い | 넓어<br>ノル ボ | 狭い | 좁아<br>チョ バ |
| 多い | 많아<br>マ ナ | 少ない | 적어<br>チョ ゴ |
| 明るい | 밝아<br>パル ガ | 暗い | 어두워<br>オ ドゥ ウォ |
| かわいい | 예뻐<br>イェッ ポ | 美しい | 아름다워<br>ア ル ム ダ ウォ |

33

# 第2章 ◆ さしかえフレーズ

「A（名詞）＋B（形容詞）＋です。」

~が（~は）

**A가/이＋B아/어＋요.**

---

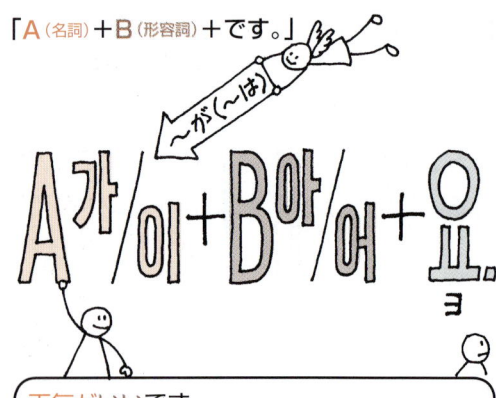

天気がいいです。

**날씨가 좋아요.**
ナル シ ガ チョ ア ヨ

---

食べ物がおいしいです。

**음식이 맛있어요.**
ウム シ ギ マ シッ ソ ヨ

---

## さしかえてみよう

### 食事

| A | ＋ | B |
|---|---|---|
| ご飯が | | 多い |
| 밥이<br>パ ビ | | 많아<br>マ ナ |
| スープが | | さっぱり |
| 국이<br>ク ギ | | 시원해<br>シ ウォ ネ |
| チゲが | | 熱い |
| 찌개가<br>チ ゲ ガ | | 뜨거워<br>トゥ ゴ ウォ |

### ショッピング

| A | ＋ | B |
|---|---|---|
| デザインが | | かわいい |
| 디자인이<br>ディ ジャ イ ニ | | 예뻐<br>イェッ ポ |
| 値段が | | 高い |
| 가격이<br>カ ギョ ギ | | 비싸<br>ピッ サ |
| サイズが | | 小さい |
| 사이즈가<br>サ イ ジュ ガ | | 작아<br>チャ ガ |

第2章 ◆ さしかえフレーズ

「A（名詞）＋B（形容詞）＋ですか？」

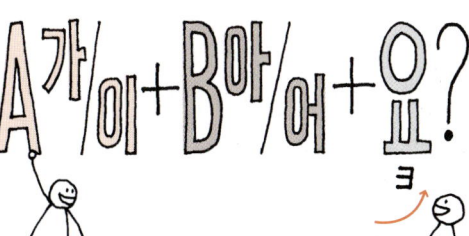

A 가/이 ＋ B 아/어 ＋ 요?

~です／~ですか？

慶州は遠いですか？
**경주가 멀어**요?
キョンジュガ　モロヨ

大田は近いですか？
**대전이 가까워**요?
テジョニ　カッカウォヨ

## さしかえてみよう

### その他

| A + B | A + B |
|---|---|
| 部屋が きれい<br>방이 깨끗해<br>パンイ ケクッテ | 文法は 易しい<br>문법이 쉬워<br>ムンポビ スィウォ |
| 荷物が 重い<br>짐이 무거워<br>チミ ムゴウォ | 発音が 難しい<br>발음이 어려워<br>パルミ オリョウォ |
| 時間が 遅い<br>시간이 늦어<br>シガニ ヌジョ | 背が 高い<br>키가 커<br>キガ コ |

第2章◆さしかえフレーズ

## ～ください (名詞＋ください)

「A (名詞) ＋ください。」

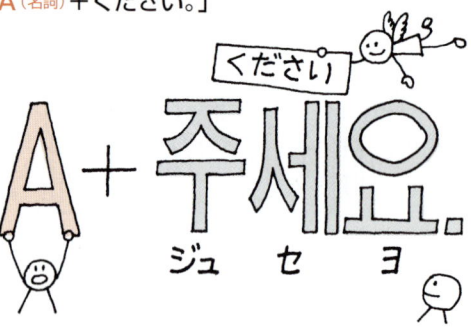

A ＋ 주세요.
(ください)
ジュ セ ヨ

---

これください。
**이거** 주세요.
イ ゴ　ジュ セ ヨ

---

水ください。
**물** 주세요.
ムル　ジュ セ ヨ

---

観光地図ください。
**관광지도** 주세요.
クァン グァン ジ ド　ジュ セ ヨ

第2章◆さしかえフレーズ

## さしかえてみよう

### 指示

| 日本語 | 韓国語 | 読み |
|---|---|---|
| それ | 그거 | クゴ |
| あれ | 저거 | チョゴ |
| 同じもの | 같은거 | カットゥンゴ |
| 似ているもの | 비슷한 거 | ビスタンゴ |

### 移動

| 日本語 | 韓国語 | 読み |
|---|---|---|
| バスカード | 버스카드 | ボスカドゥ |
| 路線図 | 노선도 | ノソンド |
| 切符 | 표 | ピョ |
| 往復切符 | 왕복표 | ウァンボクピョ |
| 搭乗券 | 탑승권 | タプスンクォン |
| 禁煙席 | 금연석 | クミョンソク |

### 食事

| 日本語 | 韓国語 | 読み |
|---|---|---|
| メニュー | 메뉴 | メニュ |
| はし | 젓가락 | チョッカラク |
| スプーン | 숟가락 | スッカラク |
| フォーク | 포크 | ポク |
| コップ | 컵 | コプ |
| 新しいもの | 새로운거 | セロウンゴ |
| おしぼり | 물수건 | ムルスゴン |
| 灰皿 | 재떨이 | チェトリ |
| 取り皿 | 접시 | チョプシ |
| 紙ナプキン | 화장지 | ファジャンジ |
| つまようじ | 이쑤시개 | イスシゲ |
| 領収証 | 영수증 | ヨンスチュン |

~ください

第2章◆さしかえフレーズ

「B（数量）＋ください。」

いくつ（数量）

B ＋ 주세요.
　　 ジュ セ ヨ

ひとつください。

**하나** 주세요.
ハ　ナ　　ジュ セ ヨ

1個ください。

**한개** 주세요.
ハン ゲ　　ジュ セ ヨ

1人分ください。

**일인분** 주세요.
イ　リン ブン　ジュ セ ヨ

## さしかえてみよう

### 数え方

| 日本語 | 韓国語 | 読み |
|---|---|---|
| ふたつ | 둘 | トゥル |
| みっつ | 셋 | セッ |
| よっつ | 넷 | ネッ |
| 1枚 | 한 장 | ハン ジャン |
| 2枚 | 두 장 | トゥ ジャン |
| 3枚 | 세 장 | セ ジャン |
| 4冊 | 네 권 | ネ グォン |
| 5冊 | 다섯 권 | タソッ グォン |
| 6冊 | 여섯 권 | ヨソッ グォン |
| ひとかご | 한 바구니 | ハン バグニ |
| いちりん | 한 송이 | ハン ソンイ |
| 10本 | 열 병 | ヨル ビョン |
| 20本 | 스무 병 | スム ビョン |
| 30本 | 서른 병 | ソルン ビョン |
| 2人分 | 이인분 | イ インブン |
| 3人分 | 삼인분 | サ ミンブン |
| 4人分 | 사인분 | サ インブン |
| 4キロ | 사 킬로 | サ キルロ |
| 5キロ | 오 킬로 | オ キルロ |
| 6キロ | 육 킬로 | ユㇰ キルロ |

~ください

### 量/程度

| 日本語 | 韓国語 | 読み |
|---|---|---|
| 少しだけ | 조금만 | チョグムマン |
| 半分 | 반만 | パンマン |
| たくさん | 많이 | マニ |
| もっと | 더 | ト |
| もう少し | 좀더 | チョムト |

第2章◆さしかえフレーズ

「A（名詞）＋B（数量）＋ください。」

**A＋B＋주세요.**
ジュ　セ　ヨ

---

大人1枚ください。
**어른 한 장** 주세요.
オ　ルン　　ハン　ジャン　ジュ　セ　ヨ

---

ダッカルビ2人分ください。
**닭갈비 이인분** 주세요.
タッ カル ビ　イ　イン ブン　ジュ　セ　ヨ

---

キムチおかわりください。
**김치 하나 더** 주세요.
キム チ　ハ ナ　ト　ジュ　セ　ヨ

第2章 ◆ さしかえフレーズ

## さしかえてみよう
## A ＋ B

### 食事

キムチチャーハン 2つ
김치볶음밥 두개
キㇺ チ ポックㇺ パㇷ゚ トゥ ゲ

石焼ビビンバ 3つ
돌솥비빔밥 세개
トㇽ ソッピ ビㇺ パㇷ゚ セ ゲ

ビール 2本
맥주 두 병
メㇰチュ トゥ ビョン

コーラ 4本
콜라 네 병
コㇽ ラ ネ ビョン

〜ください

### ショッピング

白菜キムチ 500グラム
배추김치 오백 그램
ペ チュキㇺ チ オ ベㇰ グ レㇺ

同じものを 1キロずつ
같은걸 일 킬로씩
カットゥンゴㇽ イㇽ キㇽ ロ シㇰ

### その他

5,000ウォンのバスカード 1枚
오천원 짜리 버스카드 한 장
オ チョ ヌォン ッチャリ ボス カドゥ ハン ジャン

350ウォンの切手 5枚
삼백오십원 짜리 우표 다섯 장
サㇺ ベ ゴ シ ブォン ッチャリ ウ ビョ タ ソッ ジャン

第2章◆さしかえフレーズ

## 〜ください（動詞＋ください）

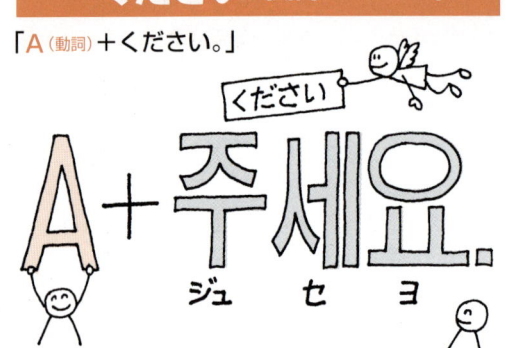

「A（動詞）＋ください。」

A ＋ 주세요.
ください
ジュ セ ヨ

待ってください。
**기다려** 주세요.
キ ダ リョ　ジュ セ ヨ

まけてください。
**깎아** 주세요.
カッ カ　ジュ セ ヨ

書いてください。
**써** 주세요.
ソ　ジュ セ ヨ

## 第2章 ◆ さしかえフレーズ

### さしかえてみよう

**～ください**

#### コミュニケーション

| 日本語 | 韓国語 | 読み |
|---|---|---|
| 聞いて | 들어 | トゥロ |
| 話して | 말해 | マレ |
| 見て | 봐 | ボァ |
| たずねて | 물어봐 | ムロボァ |
| 読んで | 읽어 | イルゴ |
| 呼んで | 불러 | プルロ |
| 調べて | 알아봐 | アラボァ |

#### 病院で

| 日本語 | 韓国語 | 読み |
|---|---|---|
| 脱いで | 벗어 | ボソ |
| 横になって | 누워 | ヌウォ |
| うつ伏せて | 엎드려 | オプトゥリョ |
| 息を吸って | 숨을 들이쉬어 | スムル ドゥリスィオ |

#### その他

| 日本語 | 韓国語 | 読み |
|---|---|---|
| 閉めて | 닫아 | タダ |
| 開けて | 열어 | ヨロ |
| 拭いて | 닦아 | タッカ |
| 片付けて | 치워 | チウォ |
| 探して | 찾아 | チャジャ |
| 作って | 만들어 | マンドゥロ |
| 笑って | 웃어 | ウソ |

#### 移動

| 日本語 | 韓国語 | 読み |
|---|---|---|
| 乗せて | 태워 | テウォ |
| 降ろして | 내려 | ネリョ |
| 行って | 가 | カ |
| どいて | 비켜 | ビキョ |

第2章◆さしかえフレーズ

「B（名詞）＋A（動詞）＋ください。」

~で ~に ~を ~は

# B+A+주세요.
ジュ セ ヨ

---

タクシーを呼んでください。
**택시 불러** 주세요.
テクシ プル ロ ジュ セ ヨ

---

新羅ホテルまで行ってください。
**신라호텔까지 가** 주세요.
シル ラ ホ テル カ ジ カ ジュ セ ヨ

---

ここで降ろしてください。
**여기서 내려** 주세요.
ヨ ギ ソ ネ リョ ジュ セ ヨ

44

第2章◆さしかえフレーズ

## さしかえてみよう
### B + A

### 観光

説明を 読んで
설명을 읽어
ソルミョンウル イル ゴ

つり革に つかまって
손잡이를 잡아
ソン チャ ビ ル チャ バ

ここで 待って
여기서 기다려
ヨ ギ ソ キ ダ リョ

住所 調べて
주소 알아봐
チュ ソ ア ラ ボァ

漢字で 書いて
한문으로 써
ハン ム ヌ ロ ソ

### 食事

靴 脱いで
신 벗어
シン ボ ソ

テーブル 拭いて
상 닦아
サン タッ カ

お皿 片付けて
접시 치워
チョプ シ チ ウォ

荷物 預かって
짐 맡아
チム マッ タ

〜ください

第2章◆さしかえフレーズ

## 〜してください

「A（名詞）＋してください。」

A ＋ 해주세요.
     ヘ ジュ セ ヨ
　　　してください

両替してください。
**환전** 해주세요.
ファン ジョン　ヘ ジュ セ ヨ

予約してください。
**예약** 해주세요.
イェ ヤㇰ　ヘ ジュ セ ヨ

掃除してください。
**청소** 해주세요.
チョン ソ　ヘ ジュ セ ヨ

第2章 ◆ さしかえフレーズ

## さしかえてみよう

### コミュニケーション

| 連絡 | 연락<br>ヨル ラク |
| --- | --- |
| 電話 | 전화<br>チョ ヌァ |
| ファックス | 팩시밀리<br>ペク シ ミル リ |
| メモ | 메모<br>メ モ |
| 話 | 이야기<br>イ ヤ ギ |
| 約束 | 약속<br>ヤク ソク |
| 取り消し | 취소<br>チュィ ソ |
| 説明 | 설명<br>ソル ミョン |

### 生活

| 食事 | 식사<br>シク サ |
| --- | --- |
| 皿洗い | 설겆이<br>ソル コ ジ |
| 洗濯 | 빨래<br>パル レ |
| 洗顔 | 세수<br>セ ス |
| 入浴 | 목욕<br>モ ギョク |

### その他

| 注文 | 주문<br>チュ ムン |
| --- | --- |
| 包装 | 포장<br>ポ ジャン |
| 販売 | 판매<br>パン メ |
| 支払い | 지불<br>チ ブル |
| 計算（お勘定） | 계산<br>ケ サン |
| 運転 | 운전<br>ウン ジョン |
| 配達 | 배달<br>ペ ダル |
| 通訳 | 통역<br>トン ヨク |
| 割引 | 할인<br>ハ リン |
| 見物 | 구경<br>ク ギョン |

〜してください

第2章◆さしかえフレーズ

「B（形容詞）＋してください。」

どのように

# B＋해주세요.
ヘ ジュ セ ヨ

早くしてください。
**빨리** 해주세요.
パル リ　ヘ ジュ セ ヨ

安くしてください。
**싸게** 해주세요.
サ ゲ　ヘ ジュ セ ヨ

辛くなくしてください。
**안 맵게** 해주세요.
アン メッケ　ヘ ジュ セ ヨ

## 第2章◆さしかえフレーズ

### さしかえてみよう

#### 食事

| 甘く | 달게 タルゲ |
|---|---|
| 辛く | 맵게 メプケ |
| 冷たく | 차게 チャゲ |
| 暖かく | 따뜻하게 タトゥッタゲ |

#### エステ

| 強く | 세게 セゲ |
|---|---|
| そっと | 살살 サルサル |
| きれいに | 깨끗하게 ケクッタゲ |

#### 量／大きさ

| 大きく | 크게 クゲ |
|---|---|
| 小さく | 작게 チャッケ |
| いっぱいに | 꽉 차게 クァッチャゲ |
| 軽く | 가볍게 カビョッケ |
| 少なく | 적게 チョッケ |

#### その他

| 仲良く | 사이 좋게 サイ チョッケ |
|---|---|
| 親切に | 친절하게 チンジョラゲ |
| 楽しく | 재미 있게 チェミ イッケ |
| 一緒に | 같이 カッチ |
| 別々に | 따로 따로 タロ タロ |
| もう一度 | 다시 한번 タシ ハンボン |
| 簡単に | 간단하게 カンダナゲ |
| 丈夫に | 튼튼하게 トゥントゥナゲ |
| もっと | 더 ト |
| ゆっくり | 천천히 チョンチョニ |
| 後で | 나중에 ナジュゲ |
| 静かに | 조용히 チョヨンヒ |
| 1回だけ | 한번만 ハンボンマン |
| 今度 | 다음에 タウメ |
| いっぺんに | 한꺼번에 ハンコボネ |

～してください

第2章◆さしかえフレーズ

「B(形容詞)＋A(名詞)＋してください。」

どのように
B+A+해주세요.
ヘ ジュ セ ヨ

---

ゆっくり話してください。
**천천히 말씀** 해주세요.
チョン チョ ニ　マル スム　ヘ ジュ セ ヨ

---

もう一度確認してください。
**다시 한번 확인** 해주세요.
タ シ　ハン ボン　ファ ギン　ヘ ジュ セ ヨ

---

丈夫に包装してください。
**튼튼하게 포장** 해주세요.
トゥントゥ ナ ゲ　ポ ジャン　ヘ ジュ セ ヨ

第2章◆さしかえフレーズ

## さしかえてみよう
## B ＋ A

### コミュニケーション

後で 連絡
나중에 연락
ナ ジュ ゲ　ヨル ラッ

もう一度 電話
다시 한번 전화
タ シ　ハン ボン　チョ ヌァ

### 食事／ホテル

辛めに 料理
맵게 요리
メッ ケ　ヨ リ

早く 配達
빨리 배달
パル リ　ペ ダル

きれいに 掃除
깨끗이 청소
ケ クッ シ　チョン ソ

### その他

ゆっくり 運転
천천히 운전
チョン チョ ニ　ウン ジョン

ちょっと 案内
좀 안내
チョム　アン ネ

かわいく 包装
예쁘게 포장
イェ ブ ゲ　ポ ジャン

〜してください

第2章◆さしかえフレーズ

## ～教えてください

「A（名詞）＋教えてください。」

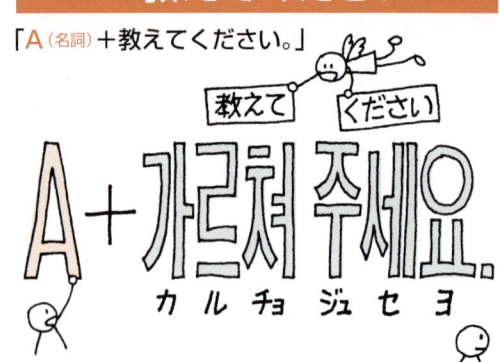

**A＋가르쳐 주세요.**
カル チョ ジュ セ ヨ

(教えて = 가르쳐 / ください = 주세요)

---

道教えてください。
**길** 가르쳐 주세요.
キル　カル チョ ジュ セ ヨ

---

お名前教えてください。
**성함** 가르쳐 주세요.
ソン ハム　カル チョ ジュ セ ヨ

---

場所教えてください。
**장소** 가르쳐 주세요.
ジャン ソ　カル チョ ジュ セ ヨ

## 第2章 ◆ さしかえフレーズ

### さしかえてみよう

#### 個人の情報

| 住所 | 주소 (チュ ソ) |
| --- | --- |
| 電話番号 | 전화번호 (チョヌァ ボ ノ) |
| Eメール | 전자우편 (チョン チャ ウ ピョン) |
| 誕生日 | 생일 (センイル) |
| 年齢 | 나이 (ナイ) |
| 連絡先 | 연락처 (ヨル ラッ チョ) |

#### 観光

| 営業時間 | 영업시간 (ヨンオッ シ ガン) |
| --- | --- |
| 料金 | 요금 (ヨ グム) |
| 店 | 가게 (カ ゲ) |
| 部屋番号 | 방번호 (パン ボ ノ) |

～教えてください

#### その他

| 人気のもの | 인기 있는거 (インキ インヌンゴ) |
| --- | --- |
| 歌 | 노래 (ノ レ) |
| 韓国語 | 한국어 (ハン グ ゴ) |
| 韓国の歌 | 한국의 노래 (ハン グ ゲ ノ レ) |
| 作り方 | 만드는 법 (マン ドゥ ヌン ポッ) |

| 使用方法 | 사용방법 (サ ヨン パン ポッ) |
| --- | --- |
| 保存法 | 보존법 (ポ ジョン ポッ) |
| 日程 | 일정 (イル ジョン) |
| 日にち | 날짜 (ナル チャ) |
| 時間 | 시간 (シ ガン) |
| 内容 | 내용 (ネ ヨン) |
| 方法 | 방법 (パン ポッ) |
| 題名 | 제목 (チェ モッ) |

53

第2章 ◆ さしかえフレーズ

「B（どのように）＋教えてください。」

**B＋가르쳐 주세요.**
カル チョ ジュ セ ヨ
（どのように）

英語で教えてください。
**영어로** 가르쳐 주세요.
ヨン オ ロ　　カル チョ ジュ セ ヨ

どこなのか教えてください。
**어딘지** 가르쳐 주세요.
オ ディン ジ　　カル チョ ジュ セ ヨ

私に教えてください。
**저 한테** 가르쳐 주세요.
チョ ハン テ　　カル チョ ジュ セ ヨ

## さしかえてみよう

### 方法

| 日本語で | 일본말로 |
|---|---|
| | イル ボン マル ロ |

| 韓国語で | 한국말로 |
|---|---|
| | ハン グン マル ロ |

| 漢字で | 한문으로 |
|---|---|
| | ハン ム ヌ ロ |

| ハングルで | 한글로 |
|---|---|
| | ハン グル ロ |

| やさしい言葉で | 쉬운 말로 |
|---|---|
| | スィ ウン マル ロ |

| 地図で | 지도로 |
|---|---|
| | チ ド ロ |

〜教えてください

### 疑問

| いつなのか | 언젠지 | どうしてか | 왠지 |
|---|---|---|---|
| | オン ジェン ジ | | ウェン ジ |

| 誰なのか | 누군지 | 何なのか | 뭔지 |
|---|---|---|---|
| | ヌ グン ジ | | ムォン ジ |

### どのように

| 詳しく | 자세히 | はっきりと | 확실하게 |
|---|---|---|---|
| | チャ セ ヒ | | ファク シ ラ ゲ |

| もう一度 | 다시 한번 | 分かりやすく | 알기 쉽게 |
|---|---|---|---|
| | タ シ ハン ボン | | アル ギ スィプ ケ |

| 正確に | 정확하게 | 簡単に | 간단히 |
|---|---|---|---|
| | チョン ファッ カ ゲ | | カン タ ニ |

第2章◆さしかえフレーズ

「A（名詞）＋B（どのように）＋教えてください。」

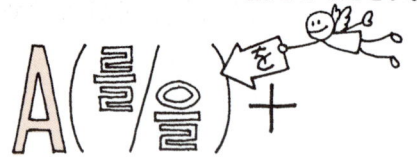

A（를/을）＋

B＋가르쳐 주세요.
   カル チョ ジュ セ ヨ

> ここはどこなのか教えてください。
> **여기가 어딘지** 가르쳐 주세요.
> ヨギガ オディンジ カルチョ ジュセヨ

> 住所を漢字で教えてください。
> **주소를 한문으로** 가르쳐 주세요.
> チュソルル ハンムヌロ カルチョ ジュセヨ

> 場所を簡単に教えてください。
> **장소를 간단히** 가르쳐 주세요.
> ジャンソルル カンタニ カルチョ ジュセヨ

## 第2章 ◆ さしかえフレー

### さしかえてみよう
### A + B

#### 場所

道を 簡単に
길을 간단히
キルル カンダニ

観光案内所は どこなのか
관광안내소는 어딘지
クァングァンアンネソヌン オディンジ

#### 情報

内容は 何なのか
내용이 뭔지
ネヨンイ ムォンジ

出発は いつなのか
출발은 언젠지
チュルバルン オンジェンジ

決勝は いつなのか
결승이 언젠지
キョルスンイ オンジェンジ

名前を 英語で
이름을 영어로
イルムル ヨンオロ

予定を 詳しく
예정을 자세히
イェジョンウル チャセヒ

番号を もう一度
번호를 다시 한번
ポノルル タシ ハンボン

~教えてください

第2章◆さしかえフレーズ

## ～ありますか？

「A（名詞）＋ありますか？」

A ＋ 있어요?
　　イッ ソ ヨ （ありますか）

何がありますか？
**뭐가** 있어요?
ムォ ガ　イッ ソ ヨ

ジュースありますか？
**쥬스** 있어요?
ジュ ス　イッ ソ ヨ

時刻表ありますか？
**시간표** 있어요?
シ ガン ピョ　イッ ソ ヨ

## さしかえてみよう

### 食事

| 郷土料理 | 향토요리<br>ヒャントヨリ |
| --- | --- |
| 辛くないもの | 안 매운 것<br>アン メウン コッ |
| お勧め | 잘 하는 것<br>チャ ラ ヌン コッ |
| つまみ | 안주<br>アンジュ |
| 地酒 | 민속주<br>ミンソㇰチュ |

### 観光

| 空席 | 빈 자리<br>ピン チャリ |
| --- | --- |
| 指定席 | 지정석<br>チジョンソㇰ |
| チケット | 티켓<br>ティケッ |
| 日本語のガイド | 일본어 가이드<br>イルボノ ガイドゥ |
| パンフレット | 팜플렛<br>パンプレッ |
| ツアー | 투어<br>トゥオ |

### ショッピング

| 違うもの | 다른 거<br>タルン コ |
| --- | --- |
| 違うサイズ | 다른 사이즈<br>タルン サイジュ |
| 同じ色 | 같은 색깔<br>カットゥン セㇰカル |
| 革ジャン | 가죽 점퍼<br>カジュㇰ ジョムポ |
| 骨董品 | 골동품<br>コルドンプム |
| ビニール袋 | 비닐 봉지<br>ビニル ボンジ |
| 紙袋 | 종이 봉지<br>ジョンイ ボンジ |

～ありますか？

### 食品

| 唐辛子の粉 | 고추가루<br>コチュカル |
| --- | --- |
| のり | 김<br>キㇺ |
| 柚子茶 | 유자차<br>ユジャチャ |
| 人参茶 | 인삼차<br>インサㇺチャ |

第2章◆さしかえフレーズ

## 第2章 ◆ さしかえフレーズ

「B（場所）＋ありますか？」

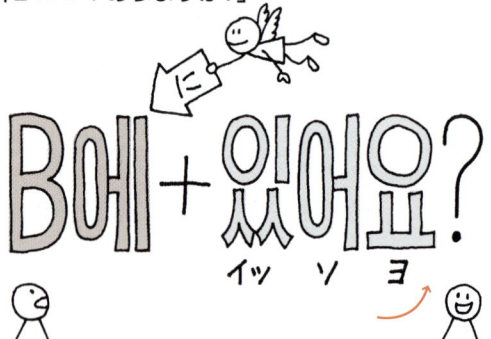

**B에 + 있어요?**
イッ ソ ヨ

---

ここにありますか？

**여기에** 있어요?
ヨ ギ エ　イッ ソ ヨ

---

ホテルにありますか？

**호텔에** 있어요?
ホ テ レ　イッ ソ ヨ

---

どこにありますか？

**어디에** 있어요?
オ ディ エ　イッ ソ ヨ

## さしかえてみよう

### 指示

| 日本語 | 韓国語 | 読み |
|---|---|---|
| そこに | 거기에 | コギエ |
| あそこに | 저기에 | チョギエ |
| 近くに | 근처에 | クンチョエ |
| 外に | 밖에 | パッケ |
| 中に | 안에 | アネ |
| 何階に | 몇층에 | ミョッチュンエ |

### ショッピング

| 日本語 | 韓国語 | 読み |
|---|---|---|
| 市場に | 시장에 | シジャンエ |
| デパートに | 백화점에 | ペックァジョメ |
| スーパーに | 슈퍼에 | シュポエ |
| コンビニに | 편의점에 | ピョニジョメ |
| どの売り場に | 어느 매장에 | オヌ メジャンエ |

### 場所

| 日本語 | 韓国語 | 読み |
|---|---|---|
| 建物の中に | 건물 안에 | コンムル アネ |
| 旅館の近くに | 여관 근처에 | ヨグァン クンチョエ |

~ありますか?

第2章◆さしかえフレーズ

「A（名詞）＋B（場所）＋ありますか？」

# A는/은＋B에＋있어요?
エ　イッソヨ

（は／に）

---

**トイレはどこにありますか？**

## 화장실은 어디에 있어요?
ファジャンシルン　オディエ　イッソヨ

---

**駅は近くにありますか？**

## 역은 이 근처에 있어요?
ヨグン　イ　クンチョエ　イッソヨ

---

**博物館は市内にありますか？**

## 박물관은 시내에 있어요?
パンムルグァヌン　シネエ　イッソヨ

---

62

# 第2章 ◆ さしかえフレーズ

## さしかえてみよう
A ＋ B

### 観光

**民俗村は どこに**
민속촌은 어디에
ミン ソッチョ ヌン　オ ディ エ

**屋台は どこに**
포장마차는 어디에
ポ ジャンマ チャ ヌン　オ ディ エ

### ショッピング

**市場は この近くに**
시장은 이 근처에
シ ジャン ウン　イ　クン チョ エ

**漢方薬は この店に**
한약은 이 가게에
ハ ニャグン　イ　カ ゲ エ

**免税店は ホテルに**
면세점은 호텔에
ミョンセ ジョムン　ホ テ レ

**工芸品店は 仁寺洞に**
공예품점은 인사동에
コン イェ プム ジョ ムン　イン サ ドン エ

### その他

**薬局は 近くに**
약국은 이 근처에
ヤック グン　イ　クン チョ エ

**コンビニは ホテルの近くに**
편의점은 호텔근처에
ピョ ニ ジョ ムン　ホ テル クン チョ エ

〜ありますか？

第2章 ◆ さしかえフレーズ

## ～いくらですか?

「A（名詞）＋いくらですか?」

A ＋ 얼마예요?
オル マ エ ヨ
いくらですか

---

これいくらですか？

**이거** 얼마예요?
イ ゴ　オル マ エ ヨ

---

入場料いくらですか？

**입장료** 얼마예요?
イプ ジャン ニョ　オル マ エ ヨ

---

競技場までいくらですか？

**경기장까지** 얼마예요?
キョン ギ ジャン カ ジ　オル マ エ ヨ

64

## 第2章 ◆ さしかえフレーズ

### さしかえてみよう

#### チケット

| 大人 | 어른 オルン | 指定席 | 지정석 チジョンソク |
| --- | --- | --- | --- |
| 子供 | 어린이 オリニ | 当日券 | 당일권 タンイルクォン |
| 料金 | 요금 ヨグム | 前売り券 | 예매권 イェメクォン |
| 団体 | 단체 ダンチェ | 乗車券 | 승차권 スンチャクォン |
| 学割 | 학생 할인 ハッセン ハリン | 特急券 | 특급권 トゥックプクォン |

~いくらですか?

#### 観光

| ツアー | 투어 トゥオ | 費用 | 비용 ピヨン |
| --- | --- | --- | --- |
| 記念品 | 기념품 キニョムプム | パンフレット | 팜플렛 パンプルレッ |
| 写真撮影 | 사진촬영 サジンチャリョン | ガイド料 | 가이드요금 カイドゥヨグム |

#### 場所

| 水原まで | 수원까지 スウォンカジ |
| --- | --- |
| バスターミナルまで | 버스 터미널까지 ポス トミナルカジ |
| 仁川空港まで | 인천공항 까지 インチョンコンハン カジ |
| 国際ホテルまで | 국제호텔 까지 クッチェ ホテル カジ |
| 市役所まで | 시청까지 シチョンカジ |

第2章 ◆さしかえフレーズ

「B（数量）＋いくらですか？」

いくつで/〜なら

B＋얼마예요?
オルマエヨ

---

2つでいくらですか？

**두개에** 얼마예요?
トゥ ゲ エ　オル マ エ ヨ

---

1人当たりいくらですか？

**한사람 당** 얼마예요?
ハン サ ラム　ダン　オル マ エ ヨ

---

半分ならいくらですか？

**반이면** 얼마예요?
パ ニ ミョン　オル マ エ ヨ

第2章◆さしかえフレーズ

## さしかえてみよう

### 時間

| | | |
|---|---|---|
| 1時間あたり | 한시간 당 | ハン シ ガン ダン |
| 1時間半なら | 한 시간 반이면 | ハン シ ガン バ ニ ミョン |
| 1日 | 하루에 | ハ ル エ |
| ひと月に | 한 달에 | ハン ダ レ |

### 量

| | | |
|---|---|---|
| 3人だと | 세 사람이면 | セ サ ラ ミ ミョン |
| 100グラム | 백 그램 | ペッ グ レム |
| 1人前 | 일인분 | イ リン ブン |
| ひと袋 | 한 봉지 | ハン ボン ジ |

### その他

| | | |
|---|---|---|
| 全部あわせて | 다 합쳐서 | タ ハッ チョ ソ |
| 割引後は | 할인이 되면 | ハ リ ニ トゥェ ミョン |
| ばらで | 낱개로 | ナッ ケ ロ |

～いくらですか？

第2章◆さしかえフレーズ

「A（名詞）＋B（数量）＋いくらですか？」

A（는/은）は ＋

B ＋ 얼마예요?
オルマエヨ

---

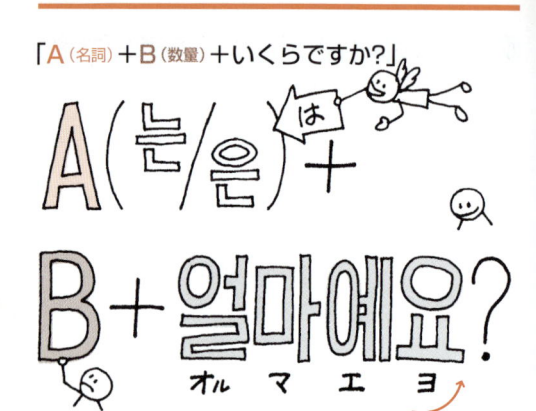

これひとついくらですか？
**이거 하나** 얼마예요?
イゴ ハナ オルマエヨ

---

イカ1ぱいいくらですか？
**오징어 한 마리** 얼마예요?
オジンオ ハン マリ オルマエヨ

---

シングル1泊いくらですか？
**싱글 룸 하루에** 얼마예요?
シングル ルム ハルエ オルマエヨ

第2章◆さしかえフレーズ

## さしかえてみよう
A ＋ B

### 食事

刺身 2人前
**회 이인분**
フェ イ インブン

天ぷら 1皿
**튀김 한 접시**
ティギム ハン ジョッシ

焼酎 1本
**소주 한병**
ソジュ ハンビョン

### ショッピング

粉唐辛子 1袋
**고추가루 한 봉지**
コチュカル ハン ボンジ

鶏 1羽
**닭 한 마리**
タヶ ハン マリ

### 観光

垢すり 1時間で
**때밀이 한시간에**
テミリ ハンジガネ

子供 2人だと
**어린이 두명이면**
オリニ トゥミョンイミョン

延長 1時間当たり
**연장 한 시간당**
ヨンジャン ハン シガンダン

〜いくらですか？

第2章 ◆ さしかえフレーズ

## ～お願いします

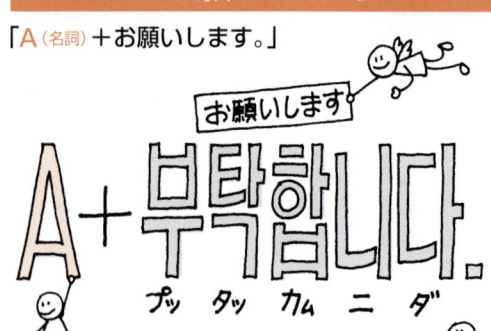

「A（名詞）＋お願いします。」

A ＋ 부탁합니다.
プッ タッ カム ニ ダ

---

確認お願いします。

**확인** 부탁합니다.
ファ ギン　プッ タッ カム ニ ダ

---

注文お願いします。

**주문** 부탁합니다.
チュ ムン　プッ タッ カム ニ ダ

---

梨泰院までお願いします。

**이태원까지** 부탁합니다.
イ テ ウォン カ ジ　プッ タッ カム ニ ダ

## 第2章 ◆ さしかえフレーズ

### さしかえてみよう

#### ホテル

| モーニングコール | 모닝 콜<br><sub>モ ニン コル</sub> |
|---|---|
| ルームサービス | 룸서비스<br><sub>ルム ソ ビス</sub> |
| 修理 | 수리<br><sub>ス リ</sub> |
| クリーニング | 크리닝<br><sub>クリ ニン</sub> |

~お願いします

#### 食事

| 個室 | 방<br><sub>パン</sub> |
|---|---|
| 窓側の席 | 창측 자리<br><sub>チャンチュク チャリ</sub> |
| 冷たい水 | 찬 물<br><sub>チャン ムル</sub> |
| お勘定 | 계산<br><sub>ケ サン</sub> |

#### 観光

| 両替 | 환전<br><sub>ファンジョン</sub> |
|---|---|
| 清算 | 청산<br><sub>チョン サン</sub> |
| 日本語通訳 | 일본어 통역<br><sub>イル ボノ トンヨク</sub> |
| 案内 | 안내<br><sub>アン ネ</sub> |

#### 場所

| 南大門市場まで | 남대문시장까지<br><sub>ナム デ ムン シジャン カ ジ</sub> |
|---|---|
| 東大門市場まで | 동대문시장까지<br><sub>トン デ ムン シジャン カ ジ</sub> |
| 景福宮まで | 경복궁까지<br><sub>キョン ボクグン カ ジ</sub> |
| オリンピック競技場まで | 올림픽 경기장까지<br><sub>オル リム ピク キョンギ ジャン カ ジ</sub> |
| ロッテワールドまで | 롯데 월드까지<br><sub>ロッテ ウォルドゥ カ ジ</sub> |

第2章 ◆ さしかえフレーズ

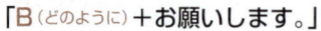

「B（どのように）＋お願いします。」

どのように
**B＋부탁합니다.**
プッ タッ カム ニ ダ

---

7時にお願いします。
**일곱시에** 부탁합니다.
イル ゴプ シ エ　プ タッ カム ニ ダ

---

よろしくお願いします。
**잘** 부탁합니다.
チャル　プ タッ カム ニ ダ

---

早くお願いします。
**빨리** 부탁합니다.
パル リ　プ タッ カム ニ ダ

## 第2章 ◆ さしかえフレーズ

### さしかえてみよう

#### どのように

| 日本語 | 韓国語 | 読み |
|---|---|---|
| ゆっくり | 천천히 | チョンチョニ |
| 後で | 나중에 | ナジュゲ |
| 必ず | 꼭 | コッ |
| 特に | 특히 | トゥッキ |
| できるだけ | 가능한 한 | カヌンハ ナン |
| 先に | 먼저 | モンジョ |

#### 数量

| 日本語 | 韓国語 | 読み |
|---|---|---|
| たくさん | 많이 | マニ |
| ひと切れ | 한 대 | ハン デ |
| ひとつだけ | 하나만 | ハナ マン |
| 2杯 | 두 잔 | トゥ ジャン |

#### 時間

| 日本語 | 韓国語 | 読み |
|---|---|---|
| 朝までに | 아침까지 | アッチム カジ |
| 明日から | 내일부터 | ネイル ブト |
| 今日中に | 오늘 안에 | オヌル アネ |
| 6時に | 여섯시에 | ヨ ソッシ エ |
| 10時に | 열시에 | ヨル シ エ |

~お願いします

#### あいさつ

| 日本語 | 韓国語 | 読み |
|---|---|---|
| 今後も | 앞으로도 | アプロド |
| こちらこそ | 저야말로 | チョヤ マル ロ |
| いろいろ | 여러가지 | ヨロ カジ |

第2章◆さしかえフレーズ

「A（名詞）＋B（どのように）＋お願いします。」

A＋

B＋부탁합니다.
　　プッ タッ カム ニ ダ

参鶏湯2つお願いします。
**삼계탕 두개** 부탁합니다.
サム ゲ タン　トゥ ゲ　　プ タッ カム ニ ダ

空港まで急いでお願いします。
**공항까지 빨리** 부탁합니다.
コン ハン カ ジ　パル リ　　プ タッ カム ニ ダ

今後ともよろしくお願いします。
**앞으로도 잘** 부탁합니다.
ア プ ロ ド　チャル　　プ タッ カム ニ ダ

第2章◆さしかえフレーズ

## さしかえてみよう
## A ＋ B

### 食事

ダッカルビ 4人分
닭갈비 사인분
タッカルビ サインブン

氷 少し
얼음 좀
オルム チョム

オーダー 早く
주문 빨리
チュムン パルリ

~お願いします

### ホテル

モーニングコール 7時に
모닝콜 일곱시에
モニンコル イルゴプシエ

洗濯 明日まで
세탁 내일까지
セタッ ネイルカジ

掃除を きれいに
청소 깨끗이
チョンソ ケクッシ

### あいさつ

こちらこそ よろしく
저야말로 잘
チョヤマルロ チャル

1週間 よろしく
일주일 동안 잘
イルチュイル トンアン チャル

第2章◆さしかえフレーズ

# ～したいです

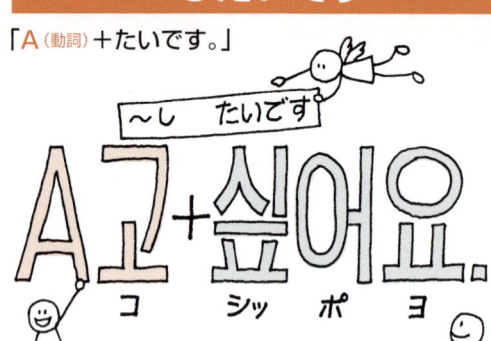

「A（動詞）＋たいです。」

～し たいです
## A고＋싶어요.
コ シッ ポ ヨ

行きたいです。
**가고** 싶어요.
カゴ シッポヨ

乗りたいです。
**타고** 싶어요.
タゴ シッポヨ

食べたいです。
**먹고** 싶어요.
モッコ シッポヨ

第2章◆さしかえフレーズ

## さしかえてみよう

### 感覚

| 見 | 보고<br>ボ ゴ | 触り | 만지고<br>マン ジ ゴ |
|---|---|---|---|
| 聞き | 듣고<br>トゥッ コ | | |
| 嗅ぎ | 냄새 맡고<br>ネム セ マッ コ | | |
| 味見し | 맛보고<br>マッ ボ ゴ | | |

### 生活

| 買い | 사고<br>サ ゴ | 休み | 쉬고<br>スィ ゴ |
|---|---|---|---|
| 乗り換え | 갈아타고<br>カ ラ タ ゴ | 考え | 생각하고<br>セン ガッ カ ゴ |
| 借り | 빌리고<br>ピル リ ゴ | 見せ | 보여주고<br>ボ ヨ ジュ ゴ |
| 送り | 보내고<br>ボ ネ ゴ | 探し | 찾고<br>チャッ コ |
| コピーし | 복사하고<br>ポッ サ ハ ゴ | 頼み | 부탁하고<br>ブ タッ カ ゴ |
| 住み | 살고<br>サル ゴ | 電話し | 전화하고<br>チョ ヌァ ハ ゴ |
| 習い | 배우고<br>ベ ウ ゴ | | |
| 読み | 읽고<br>イッ コ | | |
| 洗い | 빨고<br>パル ゴ | | |
| 帰り | 집에 가고<br>チ ベ カ ゴ | | |

〜したいです

第2章 ◆ さしかえフレーズ

「B（名詞）＋A（動詞）＋たいです。」

~で ~に ~を

B＋Aゴ＋シッポヨ

部屋を予約したいです。
**방을 예약하고** 싶어요.
パン ウル イェ ヤッ カ ゴ シッ ポ ヨ

日本に送りたいです。
**일본에 보내고** 싶어요.
イル ボ ネ ボ ネ ゴ シッ ポ ヨ

ここで休みたいです。
**여기서 쉬고** 싶어요.
ヨ ギ ソ スィ ゴ シッ ポ ヨ

## 第2章 ◆ さしかえフレーズ

| さしかえてみよう |
|---|
| B + A |

### 観光

試合を 見
시합을 보고
シ ハ ブル ボ ゴ

祭りを 見
축제를 보고
チュㇰチェ ルル ボ ゴ

土産を 買い
선물을 사고
ソン ム ルル サ ゴ

### 生活

韓国語を 習い
한국어를 배우고
ハング ゴ ルル ベ ウ ゴ

日程を 知り
일정을 알고
イル ジョン ウル アル ゴ

お金を 下ろし
돈을 찾고
ト ヌル チャッ コ

ビデオを 借り
비디오를 빌리고
ビ ディ オ ルル ビル リ ゴ

両替を し
환전을 하고
ファン ジョ ヌル ハ ゴ

一緒に 行き
같이 가고
カッ チ カ ゴ

〜したいです

第2章 ◆ さしかえフレーズ

## ～どこですか？

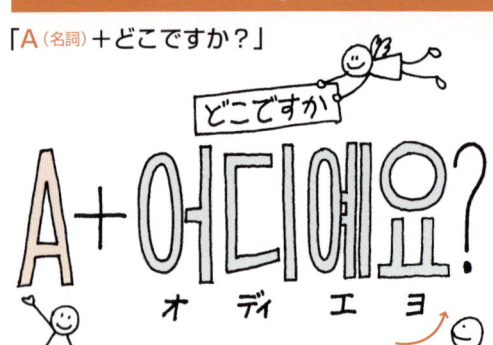

「A（名詞）＋どこですか？」

A ＋ 어디예요？
オ ディ エ ヨ

> トイレどこですか？
> **화장실** 어디예요？
> ファ ジャン シル　オ ディ エ ヨ

> 駅どこですか？
> **역** 어디예요？
> ヨㇰ　オ ディ エ ヨ

> この住所どこですか？
> **이 주소** 어디예요？
> イ　ジュ ソ　オ ディ エ ヨ

第2章◆さしかえフレーズ

## さしかえてみよう

### 観光

| 昌徳宮 | 창덕궁 チャンドゥクン |
| --- | --- |
| 秘苑 | 비원 ピウォン |
| 民俗博物館 | 민속박물관 ミンソクパンムルクァン |
| 切符売り場 | 매표소 メピョソ |
| 売店 | 매점 メジョム |

### ショッピング

| 免税店 | 면세점 ミョンセジョム |
| --- | --- |
| このお店 | 이 가게 イ カゲ |
| 鐘路書籍 | 종로서적 チョンノソジョク |
| 子供服 | 아동복 アドンボク |
| 下着 | 속옷 ソゴッ |

### 生活

| 銀行 | 은행 ウネン |
| --- | --- |
| 郵便局 | 우체국 ウチェグク |
| 窓口 | 창구 チャング |
| 美容院 | 미장원 ミジャンウォン |
| 薬局 | 약국 ヤックク |
| 会社 | 회사 フェサ |
| タクシー乗場 | 택시 타는곳 テクシ タヌンコッ |
| バス停 | 버스 정류장 ボス チョンニュジャン |
| 交番 | 파출소 パチュルソ |
| エレベーター | 엘레베이터 エルレベイト |
| 出口 | 나가는 곳 ナカヌンコッ |
| 非常口 | 비상구 ピサング |

〜どこですか？

第2章◆さしかえフレーズ

「B（どんな）＋A（名詞）＋どこですか？」

B ＋ 〜な 〜の
A ＋ 어디예요?
　　　オ ディ エ ヨ

---

一番近い駅どこですか？

**제일 가까운 역** 어디예요?
チェイル カッカウン ヨㇰ　オディエヨ

---

お土産売り場どこですか？

**선물 파는데** 어디예요?
ソンムル パヌンデ　オディエヨ

---

予約した店どこですか？

**예약한 가게** 어디예요?
イェヤッカン カゲ　オディエヨ

# 第2章 ◆ さしかえフレーズ

## さしかえてみよう
## B ＋ A

### 食事

**安い 店**
싼 가게
サン カゲ

**有名な 焼肉屋**
유명한 불고기집
ユミョンハン プル コ ギチプ

**テレビに出た 専門店**
텔레비에 나온 전문점
テル レ ビ エ ナ オン チョンムンジョム

**おいしい レストラン**
잘 하는 식당
チャ ラ ヌン シクタン

**お粥を食べられる 食堂**
죽 파는 식당
チュク パ ヌン シクタン

### 移動

**大邱へ行く バス路線**
대구 가는 버스노선
テ グ カ ヌン ポ ス ノ ソン

**乗り換えの 駅**
갈아타는 역
カ ラ タ ヌン ヨク

**さっきの 駅**
방금 지난 정거장
パングム チ ナン ジョンゴジャン

**お祭りのある 村は**
축제 하는 마을
チュクチェ ハ ヌン マ ウル

〜どこですか？

第2章◆さしかえフレーズ

## ～してもいいですか？

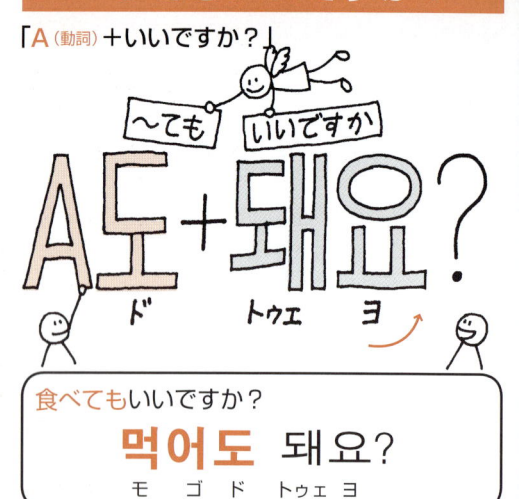

「A（動詞）＋いいですか？」

～ても　いいですか

**A도 + 돼요?**
ド　　　トゥエ　ヨ

---

食べてもいいですか？

**먹어도** 돼요?
モ　ゴ　ド　トゥエ　ヨ

---

触ってみてもいいですか？

**만져봐도** 돼요?
マン　ジョ　ボァ　ド　トゥエ　ヨ

---

行ってもいいですか？

**가도** 돼요?
カ　ド　トゥエ　ヨ

84

## さしかえてみよう

### 感覚

| 見ても | 봐도 ポァド |
| 聞いても | 들어도 トゥロド |
| 嗅いでも | 냄새 맡아도 ネムセ マッタド |
| 味見しても | 맛봐도 マッポァド |
| 触っても | 만져도 マンジョド |

### 観光／ショッピング

| 訪ねても | 찾아가도 チャジャカド |
| 見物しても | 구경해도 クギョンヘド |
| 着てみても | 입어봐도 イボポァド |
| 借りても | 빌려도 ピルリョド |
| もらっても | 갖고가도 カッコカド |
| 取り替えても | 바꿔도 パクォド |

### 生活

| 帰っても | 집에 가도 チベ カド |
| 休んでも | 쉬어도 スィオド |
| 手伝っても | 도와줘도 トワチョド |
| 遅れても | 늦어도 ヌジョド |
| 見せても | 보여줘도 ポヨジョド |
| 頼んでも | 부탁해도 プタッケド |
| 電話しても | 전화해도 チョヌァヘド |
| 壊れても | 깨져도 ケチョド |
| 預けても | 맡겨도 マッキョド |
| たずねても | 물어봐도 ムロポァド |
| コピーしても | 복사해도 ポゥサヘド |

〜してもいいですか？

第2章 ◆ さしかえフレーズ

「B（名詞）＋A（動詞）＋いいですか？」

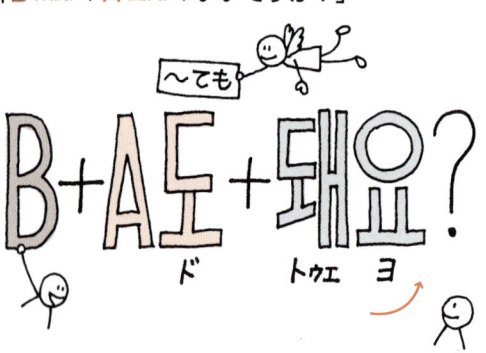

~ても
B＋A도＋돼요？
　　 ド　　トゥエ ヨ

タバコ吸ってもいいですか？
**담배 피워도** 돼요？
タム ベ　ピ ウォ ド　トゥエ ヨ

写真撮ってもいいですか？
**사진 찍어도** 돼요？
サ ジン　チ ゴ ド　トゥエ ヨ

これもらってもいいですか？
**이거 갖고가도** 돼요？
イ ゴ　カッ コ カ ド　トゥエ ヨ

## 第2章◆さしかえフレーズ

### さしかえてみよう
### B + A

**ショッピング**

あの店に 寄っても
저 가게 들러도
チョ カゲ トゥルロ ド

返品 しても
반품 해도
パン ブム ヘ ド

車で 行っても
차 타고 가도
チャ タゴ カド

**観光**

中に 入っても
안에 들어가도
ア ネ トゥ ロ カ ド

ここに 座っても
여기 앉아도
ヨ ギ アンジャ ド

ここで 待っていても
여기서 기다려도
ヨ ギ ソ キ ダ リョ ド

**その他**

この本を 借りても
이 책 빌려도
イ チェㇰ ピルリョ ド

電気を 点けても
불 켜도
プル キョ ド

ドアを 閉めても
문 닫아도
ムン タダ ド

〜してもいいですか？

第2章 ◆ さしかえフレーズ

## ～できますか？

「A（動詞）＋ますか？」

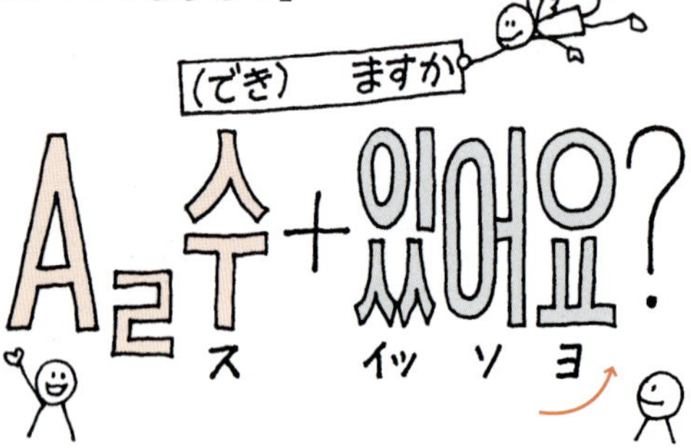

(でき) ますか
A ㄹ 수 + 있어요？
　　ス　　イッソヨ

会えますか？
**만날 수** 있어요？
マンナル　ス　イッソヨ

食べられますか？
**먹을 수** 있어요？
モグル　ス　イッソヨ

待てますか？
**기다릴 수** 있어요？
キダリル　ス　イッソヨ

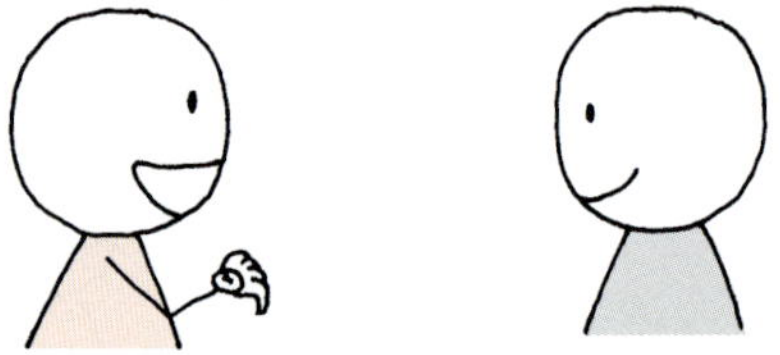

第2章◆さしかえフレーズ

## さしかえてみよう

### 移動

| 来られ | 올 수 オル ス |
| 行け | 갈 수 カル ス |
| 渡れ | 건너갈 수 コンノ カル ス |
| 乗れ | 탈 수 タル ス |
| 乗り換えられ | 갈아탈 수 カラ タル ス |
| 歩け | 걸 수 コル ス |
| 登れ | 올라갈 수 オル ラ カル ス |

### コミュニケーション

| 分かり | 알 수 アル ス |
| 話せ | 말할 수 マ ラル ス |
| 読め | 읽을 수 イル グル ス |
| 書け | 쓸 수 スル ス |

### その他

| 入れ | 들어갈 수 トゥ ロ カル ス |
| 出られ | 나갈 수 ナ カル ス |
| 送れ | 보낼 수 ボ ネル ス |
| 飲め | 마실 수 マ シル ス |
| 見れ | 볼 수 ボル ス |
| 洗え | 빨 수 パル ス |
| 乾かせ | 말릴 수 マル リル ス |
| 直せ | 고칠 수 コ チル ス |
| 探せ | 찾을 수 チャ ジュル ス |
| 始められ | 시작할 수 シ ジャッ カル ス |
| 預けられ | 맡길 수 マッ キル ス |

〜できますか？

第2章 ◆ さしかえフレーズ

「B（名詞）＋A（動詞）＋ますか？」

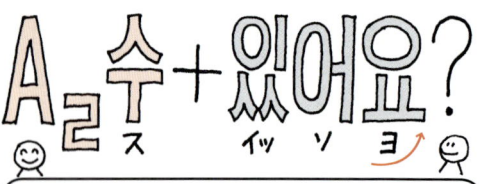

B＋ ～で ～に ～を ～は

A ㄹ 수 ＋ 있어요?
ス　　イッソヨ

試着はできますか？
**한번 입어볼 수 있어요?**
ハンボン　イボボル　ス　イッソヨ

バスで行けますか？
**버스로 갈 수 있어요?**
ボスロ　カル　ス　イッソヨ

7時に来られますか？
**일곱시에 올 수 있어요?**
イルゴプシエ　オル　ス　イッソヨ

# 第2章 ◆ さしかえフレーズ

## さしかえてみよう
### B ＋ A

### ショッピング

洗濯機で 洗え
**세탁기로 빨 수**
セ タッ キ ロ　バル　ス

お土産を 買え
**선물 살 수**
ソン ムル　サル　ス

味見は でき
**맛 볼 수**
マッ　ボル　ス

カードは 使え
**카드 쓸 수**
カ ドゥ　スル　ス

安く 買え
**싸게 살 수**
サ ゲ　サル　ス

### その他

迎えに 来られ
**마중 나올 수**
マ ジュン　ナ オル　ス

日本語は でき
**일본말 할 수**
イル ボン マル　ハル　ス

電話に 出られ
**전화 받을 수**
チョ ヌァ　パ ドゥル　ス

国際電話は でき
**국제전화 할 수**
クッ チェ チョ ヌァ　ハル　ス

〜できますか？

第2章◆さしかえフレーズ

## ～できません

「A（動詞）＋ません。」

**A지 + 못 해요.**
ジ モ テ ヨ
(～でき)ません

---

手伝えません。
**도와드리지 못 해요.**
トワドゥリジ モ テ ヨ

---

作れません。
**만들지 못 해요.**
マンドゥルジ モ テ ヨ

---

戻れません。
**돌아오지 못 해요.**
トラオジ モ テ ヨ

## 第2章 ◆ さしかえフレーズ

## さしかえてみよう

### コミュニケーション

| 書け | 쓰지 (ス ジ) |
| 読め | 읽지 (イッ ジ) |
| 聞き取れ | 알아듣지 (ア ラ トゥッ チ) |
| 考えられ | 생각하지 (センガッ カ ジ) |
| 教えられ | 가르치지 (カ ル チ ジ) |

### 移動

| 来られ | 오지 (オ ジ) |
| 行け | 가지 (カ ジ) |
| 渡れ | 건너지 (コン ノ ジ) |
| 乗れ | 타지 (タ ジ) |
| 歩け | 걷지 (コッ ジ) |
| 走れ | 달리지 (タル リ ジ) |

### その他

| 待て | 기다리지 (キ ダ リ ジ) |
| 食べられ | 먹지 (モッ チ) |
| 片づけられ | 치우지 (チ ウ ジ) |
| 探せ | 찾지 (チャッ チ) |
| 起きられ | 일어나지 (イ ロ ナ ジ) |
| 眠れ | 잠자지 (チャム チャ ジ) |
| がまんでき | 참지 (チャム チ) |
| 登れ | 올라가지 (オル ラ カ ジ) |
| 入れ | 들어가지 (トゥ ロ カ ジ) |
| 出られ | 나오지 (ナ オ ジ) |
| 動け | 움직이지 (ウム チ ギ ジ) |
| 通え | 다니지 (タ ニ ジ) |

〜できません

第2章 ◆ さしかえフレーズ

「B（名詞）＋A（動詞）＋ません。」

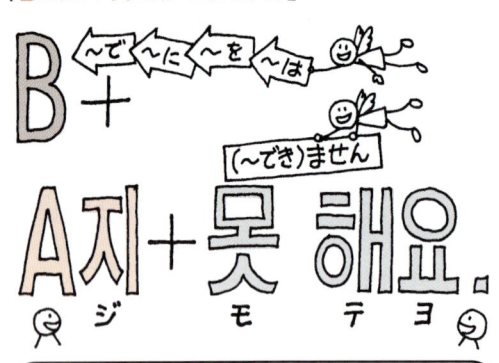

B ＋ 〜で 〜に 〜を 〜は

A지 ＋ 못 해요.
　ジ　　モ　テ　ヨ

（〜でき）ません

---

お腹一杯で食べられません。
**배 불러서 먹지** 못 해요.
ペ　ブルロソ　モㇰチ　モ　テ　ヨ

---

お酒は飲めません。
**술은 마시지** 못 해요.
スルン　マシジ　モ　テ　ヨ

---

高くて買えません。
**비싸서 사지** 못 해요.
ピッサソ　サジ　モ　テ　ヨ

## さしかえてみよう
**B + A**

### 学習

**韓国語は できません**
한국어는 하지
ハングゴヌン ハジ

**発音 できません**
발음 하지
パルム ハジ

**辞書 引けません**
사전 찾지
サジョン チャッチ

**理解 できません**
이해 하지
イヘ ハジ

### その他

**バスでは 行けません**
버스로는 가지
ポスロヌン カジ

**運転 できません**
운전 하지
ウンジョン ハジ

**荷物 持てません**
짐 들지
チム トゥルジ

**辛くて 食べられません**
매워서 먹지
メウォソ モッチ

**韓国の歌は 歌えません**
한국의 노래는 부르지
ハングゲ ノレヌン プルジ

〜できません

―街を歩いて見つけよう！

## コラム 韓国のピクトグラム

　街を歩くと目につくのが、ハングルの書かれた看板や、ピクトグラム（標識）。たとえハングルが読めなくても、その看板の意味が分かることも少なくありません。

　ここでは代表的なピクトグラムとハングルの組み合わせを紹介します。看板に書かれたハングルが読めるようになれば、街歩きの楽しさは一層広がることでしょう。

버스 정류장
バス停

택시 타는곳
タクシー乗り場

관광안내소
観光案内所／インフォメーション

여관
旅館

지하철
地下鉄

파출소
交番

우편
郵便ポスト／郵便局

# 第3章
# 場面別フレーズ

## 機内で

この座席番号はどこですか？

**이 좌석번호는 어디예요?**
イ ジャソクボノヌン オディエヨ

荷物が入りません。

**짐이 안 들어가요.**
チミ アン トゥロカヨ

荷物を預かってもらえますか？

**짐을 맡길 수 있어요?**
チムル マッキル ス イッソヨ

飲み物をください。

**음료수 주세요.**
ウムニョス ジュセヨ

食事はいつ出ますか？

**식사는 언제 나와요?**
シクサヌン オンジェ ナワヨ

第3章 ◆ 場面別フレーズ

毛布をください。
**담요** 주세요.
タム ニョ ジュ セ ヨ

通してください。
좀 **비켜**주세요.
チョム ビッ キョ ジュ セ ヨ

日本の新聞はありますか？
**일본신문** 있어요?
イル ボン シン ムン イッ ソ ヨ

酔い止め薬はありますか？
**멀미약** 있어요?
モル ミ ヤㇰ イッ ソ ヨ

入国カードをください。
**입국카드** 주세요.
イㇷ゚ クㇰ カ ドゥ ジュ セ ヨ

機内〜ホテル

第3章◆場面別フレーズ

## 空港で

観光です。

**관광**이에요.
クァン グァン イ エ ヨ

---

申告するものはありません。

**신고할 것은** 없어요.
シン コ ハル コ スン オッ ソ ヨ

---

宿泊所は国際ホテルです。

숙박소는 **국제호텔**이에요.
スク パク ソ ヌン クッ チェ ホ テ リ エ ヨ

---

3日間滞在します。

**삼일동안** 있어요.
サ ミル トン アン イッ ソ ヨ

---

荷物はどこで受け取れますか?

짐은 **어디서** 찾아요.
チ ムン オ ディ ソ チャ ジャ ヨ

第3章◆場面別フレーズ

---

荷物が出てきません。
**짐**이 안 나와요.
チ ミ アン ナ ワ ヨ

---

課税されますか？
**과세** 돼요?
クァ セ トゥェ ヨ

---

日常品と土産です。
**일상품하고 선물**이에요.
イル サン プ マ ゴ ソン ム リ エ ヨ

---

課税額はいくらですか？
**과세 금액**이 얼마예요?
クァ セ ク メ ギ オル マ エ ヨ

---

国内線 どこですか？
**국내선** 어디예요?
クン ネ ソン オ ディ エ ヨ

機内〜ホテル

# 両替

日本円を 両替 お願いします。

## 일본 엔 환전 부탁합니다.
イル ボン エン ファン ジョン プ タッ カム ニ ダ

---

1万円がウォンで いくらになりますか？

**만엔이 원으로 얼마예요?**
マ ネ ニ ウォ ヌ ロ オル マ エ ヨ

---

5万円 替えてください。

**오만엔 바꿔 주세요.**
オ マ ネン パッ クォ ジュ セ ヨ

---

手数料 いくらですか？

**수수료 얼마예요?**
ス ス リョ オル マ エ ヨ

---

現金でください。

**현금으로 주세요.**
ヒョン グ ム ロ ジュ セ ヨ

第3章 ◆ 場面別フレーズ

小切手でください。
**수표**로 주세요.
ス ピョ ロ  ジュ セ ヨ

1,000ウォン札に替えてください。
**천원짜리**로 바꿔 주세요.
チョヌォンチャ リ ロ  パッ クォ  ジュ セ ヨ

小銭にくずしてください。
**잔돈**으로 바꿔 주세요.
チャン ド ヌ ロ  パッ クォ  ジュ セ ヨ

両替計算書 ください。
**환전계산서** 주세요.
ファン ジョン ケ サン ソ  ジュ セ ヨ

トラベラーズチェックを現金にしてください。
**여행자 수표**를 현금으로 바꿔 주세요.
ヨ ヘン ジャ ス ピョルル ヒョング ム ロ パッ クォ ジュ セ ヨ

機内〜ホテル

## タクシーで

ここまで行ってください。

**여기**까지 가 주세요.
ヨギ カジ カ ジュセヨ

---

タクシーは**どこで**乗りますか？

택시는 **어디서** 타요?
テクシヌン オディソ タヨ

---

**タクシー** 呼んでください。

**택시** 불러 주세요.
テクシ プルロ ジュセヨ

---

**トランク** 開けてください。

**트렁크** 열어 주세요.
トゥロンク ヨロ ジュセヨ

---

**市役所**まで行ってください。

**시청**까지 가 주세요.
シチョン カジ カ ジュセヨ

## 第3章 ◆ 場面別フレーズ

いくらくらいしますか？
**얼마** 정도 나와요?
オルマ チョンド ナワヨ

道が込みますか？
**길**이 막혀요?
キリ マッキョヨ

急いでください。
**빨리** 가 주세요.
パルリ カ ジュセヨ

ここで降ろしてください。
**여기**서 내려 주세요.
ヨギソ ネリョ ジュセヨ

おつりはいいですよ。
**거스름돈**은 됐어요.
コスルムトヌン トゥェッソヨ

機内 〜 ホテル

# ホテルで

> チェックインしたいのですが。
>
> **체크인** 하고 싶은데요.
> チェクイン ハゴ シップンデヨ

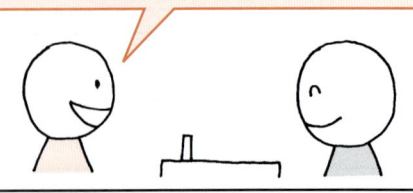

予約した田中です。
**예약한** 다나카입니다.
イェヤッカン タナカイムニダ

予約していませんが。
**예약** 안 했는데요.
イェヤッ ア ネン ヌンデヨ

部屋 ありますか?
**방** 있어요?
パン イッソヨ

1泊いくらですか?
일박에 **얼마예요**?
イルバゲ オルマエヨ

第3章◆場面別フレーズ

朝食つきですか？
**아침식사** 나와요?
アッチㇺ シㇰサ　ナ ワ ヨ

オンドル部屋にしてください。
**온돌방으로** 해 주세요.
オンドㇽパンウロ　ヘ　ジュセヨ

部屋見せてください。
**방** 보여 주세요.
パン　ボヨ　ジュセヨ

カード使えますか？
**카드** 쓸 수 있어요?
カドゥ　スㇽ　ス　イッソヨ

これを預けられますか？
이거 **맡길 수 있어요**?
イゴ　マッキㇽ　ス　イッソヨ

機内〜ホテル

第3章 ◆ 場面別フレーズ

## ホテルでの頼みごと

部屋 換えてください。

**방 바꿔 주세요.**
パン　バッ クォ　ジュ セ ヨ

---

荷物を部屋まで運んでください。

짐을 방까지 갖다 주세요.
チ ムル　パン カ ジ　カッ タ　ジュ セ ヨ

---

お湯が出ません。

**따뜻한 물**이 안 나와요.
タ トゥッ タン　ム リ　アン　ナ ワ ヨ

---

部屋が寒いです。

방이 **추워요.**
パン イ　チュ ウォ ヨ

---

エアコンが壊れています。

**에어컨**이 고장 났어요.
エ オ コ ニ　コ ジャン　ナッ ソ ヨ

第3章◆場面別フレーズ

---

タオル もう１枚ください。
**수건** 하나 더 주세요.
スゴン　ハナ　ト　ジュセヨ

---

アイロン 貸してください。
**다리미** 빌려 주세요.
タリミ　ピルリョ　ジュセヨ

---

貴重品を預けたいのですが。
**귀중품** 맡기고 싶은데요.
クィジュンプム　マッキゴ　シップンデヨ

---

ここでファックスを受け取れますか？
여기서 **팩시밀리** 받을 수 있어요?
ヨギソ　ペッシミルリ　パドゥル　ス　イッソヨ

---

この近くにレストラン ありますか？
이 근처에 **식당** 있어요?
イ　クンチョエ　シヶタン　イッソヨ

機内〜ホテル

第3章 ◆ 場面別フレーズ

## 長距離鉄道

慶州まで、セマウル号2枚。

**경주**까지 새마을호 두장이요.
キョンジュ カジ セマ ウル ホ トゥ ジャン イ ヨ

---

釜山行きは何時ですか？

부산 가는 열차 **몇시예요**?
ブ サン カ ヌン ヨル チャ ミョッ シ エ ヨ

---

満席ですか？

**만석**이에요?
マン ソ ギ エ ヨ

---

何時の列車なら席がありますか？

몇시 **열차**에 자리가 있어요?
ミョッ シ ヨル チャ エ チャ リ ガ イッ ソ ヨ

---

禁煙席にしてください。

**금연석**으로 해 주세요.
ク ミョン ソ グ ロ ヘ ジュ セ ヨ

110

第3章 ◆ 場面別フレーズ

一般席 ください。
**일반석** 주세요.
イル バン ソㇰ ジュ セ ヨ

何番線ですか？
**몇번선**이에요?
ミョッ ボン ソン ニ エ ヨ

中央線乗り場はどちらですか？
**중앙선 타는곳**이 어디예요?
チュン アン ソン タ ヌン コッ シ オ ディ エ ヨ

この列車は大田へ行きますか？
이 열차는 **대전**까지 가요?
イ ヨㇽ チャ ヌン テ ジョン カ ジ カ ヨ

何時に到着しますか？
**몇시에** 도착해요?
ミョッ シ エ ト チャッ ケ ヨ

乗りもの

## 地下鉄

この電車は仁川へ行きますか？

**이 열차는 인천까지 가요?**
イ ヨルチャヌン インチョカジ カヨ

---

地下鉄の駅はどこですか？

**지하철역**은 어디예요?
チハチョルヨグン オディエヨ

---

切符はどこで買いますか？

**표**는 어디서 사요?
ピョヌン オディソ サヨ

---

1日券 ください。

**일일권** 주세요.
イリルクォン ジュセヨ

---

地下鉄の路線図をください。

**지하철노선도** 주세요.
チハチョルノソンド ジュセヨ

第3章 ◆ 場面別フレーズ

大学路へ行くには**どの駅**で降りますか？

대학로에 가려면 **어디서** 내려요?
テ ハンノ エ　カ リョミョン　オ ディソ　ネリョ ヨ

どこで乗り換えますか？

**어디서** 갈아타요?
オ ディ ソ　カ ラ タ ヨ

ここは蚕室駅ですか？

여기는 **잠실역**이에요?
ヨ ギ ヌン　チャㇺシㇽ ヨ ギ エ ヨ

公園への出口はどこですか？

공원으로 나가는 **출구**가 어디예요?
コンウォヌ ロ　ナ カ ヌン　チュㇽ グ ガ　オ ディ エ ヨ

次は何駅ですか？

다음은 **무슨 역**이에요?
タ ウムン　ム スン　ヨ ギ エ ヨ

乗りもの

113

第3章 ◆ 場面別フレーズ

## 高速バス

水原行きのバスはどこですか？

**수원행 버스는 어디예요?**
スウォンヘン ボスヌン オディエヨ

高速バスターミナルはどこですか？
**고속 버스터미널**은 어디예요?
コソッ ボストミノルン オディエヨ

バスの時刻表をください。
**버스 시간표** 주세요.
ボス シガンピョ ジュセヨ

春川へ行く直行バスはありますか？
춘천에 가는 **직행버스** 있어요?
チュンチョネ カヌン チッケンボス イッソヨ

利川まで片道いくらですか？
이천까지 **편도** 얼마예요?
イチョンカジ ピョンド オルマエヨ

第3章 ◆ 場面別フレーズ

---

清州まで2枚ください。
## 청주까지 **두 장** 주세요.
チョン ジュ カ ジ　トゥ ジャン　ジュ セ ヨ

---

次のバスは何時ですか？
## 다음 버스는 **몇 시예요**?
タ ウム　ボ ス ヌン　ミョッ シ エ ヨ

---

何時間かかりますか？
## **몇 시간** 걸려요?
ミョッ シ ガン　コル リョ ヨ

---

休憩時間はありますか？
## **휴식시간**은 있어요?
ヒュ シㇰ シ ガ ヌン　イッ ソ ヨ

---

何時に着きますか？
## **몇 시**에 도착해요?
ミョッ シ エ　ト チャッ ケ ヨ

乗りもの

115

## 路線バス

このバスは鐘路に行きますか？

**이 버스는 종로에 가요?**
イ ボス ヌン チョンノ エ カヨ

バスカードはどこで売っていますか？

**버스카드** 어디서 팔아요?
ボスカドゥ オディソ パラヨ

3,000ウォンのバスカードください。

**삼천원짜리** 버스카드 주세요.
サムチョヌォン チャリ ボスカドゥ ジュセヨ

何番のバスに乗ればいいですか？

**몇번** 버스를 타면 돼요?
ミョッポン ボスルル タミョン トゥェヨ

東大門へ行くバスはどこで乗りますか？

동대문에 가는 버스는 **어디서** 타요?
トンデムネ カヌン ボスヌン オディソ タヨ

第3章◆場面別フレーズ

---

ここに座ってもいいですか？

**여기 앉아도 돼요?**
ヨギ　アンジャド　トゥェヨ

---

ソウル市庁はどこで降りますか？

**시청**역은 어디서 내려요?
シチョンヨグン　オディソ　ネリョヨ

---

新村へはどこで乗り換えますか？

신촌에 가려면 **어디서** 갈아타요?
シンチョネ　カリョミョン　オディソ　カラタヨ

---

文井洞に着いたら教えてください。

문정동에 **도착하면** 알려 주세요.
ムンジョンドンエ　トチャッカミョン　アルリョ　ジュセヨ

---

ここで降ります。

**여기**서 내려요.
ヨギソ　ネリョヨ

---

乗りもの

第3章◆場面別フレーズ

## 服を買う

試着してもいいですか？

**입어 봐도** 돼요?
イ ボ ブァ ド ドゥェ ヨ

---

これを見せてください。

이거 좀 **보여** 주세요.
イゴ チョム ボヨ ジュセヨ

---

ちょっと大きい（小さい）ようです。

좀 **큰** (작은) 것 같아요.
チョム クン チャグン コッ カタヨ

---

サイズが合いません。

**사이즈**가 안 맞아요.
サイジュガ アン マジャヨ

---

他の色はありますか？

**다른 색** 있어요?
タルン セク イッソヨ

第3章◆場面別フレーズ

---

少し派手（地味）です。
### 너무 화려 （수수） 해요.
ノム　ファリョ　スス　ヘヨ

---

鏡はどこですか？
### 거울이 어디예요?
コウリ　オディエヨ

---

丈をつめられますか？
### 기장을 줄일 수 있어요?
キジャンウル　ジュリル　ス　イッソヨ

---

とても気に入りました。
### 참 마음에 들어요.
チャム　マウメ　ドゥロヨ

---

これを買います。
### 이걸 살께요.
イゴル　サルケヨ

ショッピング

## 第3章 ◆ 場面別フレーズ

# 服を注文する

韓服を作りたいのですが。

**한복**을 맞추고 싶은데요.
ハン ボ グル マッ チュ ゴ シッ プン デ ヨ

---

予算は30万ウォンくらいです。

예산은 **삼십만원** 정도예요.
イェ サ ヌン サム シン マ ヌォン ジョン ド エ ヨ

---

サイズを測ってください。

**사이즈**를 재어 주세요.
サ イ ジュ ル ジェ オ ジュ セ ヨ

---

どんな色（デザイン）がありますか？

**어떤 색깔**이 (디자인이) 있어요?
オットン セッカ リ ディ ジャ イ ニ イッ ソ ヨ

---

生地は選べますか？

**옷감**을 고를 수 있어요?
オッ カ ムル コ ル ス イッ ソ ヨ

第3章 ◆ 場面別フレーズ

時間はどれくらいかかりますか？
시간이 얼마나 걸려요?
シ ガ ニ オル マ ナ コル リョ ヨ

いつできますか？
언제 돼요?
オン ジェ トゥェ ヨ

日本に送ってもらえますか？
일본에 보내 주시겠어요?
イル ボ ネ ボ ネ ジュ シ ゲッ ソ ヨ

送料はどのくらいかかりますか？
우송료는 얼마나 들어요?
ウ ソン ニョ ヌン オル マ ナ ドゥ ロ ヨ

もう少し早くできませんか？
좀 더 빨리 할 수 없을까요?
チョム ト パル リ ハル ス オプ スル カ ヨ

ショッピング

121

# 第3章 ◆ 場面別フレーズ

## 食べものを買う

白菜キムチはありますか？

**배추 김치** 있어요?
ペチュ キムチ イッソヨ

---

これは何のキムチですか？

이건 **무슨 김치**예요?
イゴン ムスン キムチエヨ

---

浅（深）漬けのものがいいです。

**덜** (잘) **익은 것**이 좋아요.
トル チャル イグン コシ チョアヨ

---

辛くないものがいいです。

**안 매운 것**이 좋아요.
アン メウン コシ チョアヨ

---

何が一番おいしいですか？

뭐가 **제일** 맛있어요?
ムォガ ジェイル マシッソヨ

第3章 ◆ 場面別フレーズ

このまま食べられますか？
**이대로 먹을 수 있어요?**
イデロ モグル ス イッソヨ

食べてみることはできますか？
**먹어 볼 수 있어요?**
モゴ ボル ス イッソヨ

1キロいくらですか？
**일킬로 얼마예요?**
イル キル ロ オル マ エ ヨ

500グラムずつ包装してください。
**오백그램**씩 포장해 주세요.
オ ベッ グ レム シッ ポ ジャン ヘ ジュ セ ヨ

匂わないように包装してください。
냄새 안 나게 **포장해** 주세요.
ネム セ アン ナ ゲ ポ ジャン ヘ ジュ セ ヨ

ショッピング

## お土産を買う

**この地域の特産物は何ですか？**

이 지역의 특산물이 뭐예요?
イ チヨゲ トゥッサンムリ ムォエヨ

---

**韓国的なものはありますか？**

한국적인 것이 있어요?
ハングッ チョギン コシ イッソヨ

---

**お土産にいいものはありますか？**

선물하기에 좋은 것이 있어요?
ソンムラギエ チョウン コシ イッソヨ

---

**どれが人気ありますか？**

어떤 것이 인기 있어요?
オットン コシ インキ イッソヨ

---

**重たくないものがいいです。**

안 무거운 것이 좋아요.
アン ムゴウン コシ チョアヨ

第3章 ◆ 場面別フレーズ

これは日本でも売っていますか？
이것은 **일본**에서도 팔아요?
イ ゴ スン　イル ボ ネ ソ ド　パ ラ ヨ

同じものを10個ください。
같은 걸 **열개** 주세요.
カットゥン　ゴル　ヨル ケ　ジュ セ ヨ

別々に包装してください。
**따로 따로** 포장해 주세요.
タ ロ　タ ロ　ポ ジャン ヘ　ジュ セ ヨ

大きな袋にまとめてください。
**큰 봉지**에 넣어주세요.
クン ボン ジ エ　ノ オ ジュ セ ヨ

免税店はありますか？
**면세점**이 있어요?
ミョン セ ジョ ミ　イッ ソ ヨ

ショッピング

## 値段の交渉

安くしてください。

**싸게** 해 주세요.
サゲ ヘ ジュセヨ

全部でいくらですか?

**다** 합쳐서 얼마예요?
タ ハッチョソ オルマエヨ

そんなに高いですか?

그렇게 **비싸요**?
クロッケ ピッサヨ

もっと安いものはありませんか?

**더 싼 것**이 없어요?
ト サン コシ オッソヨ

2万ウォン以内のものがいいです。

**이만원 이하**의 물건이 좋아요.
イマヌォン イハエ ムルゴニ チョアヨ

第3章 ◆ 場面別フレーズ

値段を書いてください。
**가격**을 써 주세요.
カ ギョ グл ソ ジュ セ ヨ

10個買うので、安くしてください。
**열개** 살테니까 싸게 해 주세요.
ヨл ケ サл テ ニ カ サ ゲ ヘ ジュ セ ヨ

5万ウォンにしてください。
**오만원**으로 해 주세요.
オ マ ヌォ ヌ ロ ヘ ジュ セ ヨ

それでは、いりません。
그러면 **됐어요**.
ク ロ ミョン トゥェッ ソ ヨ

おつりが違うようですが。
거스름돈이 **틀린** 것 같은데요.
コ ス ルム ト ニ トゥл リン コッ カットゥン デ ヨ

ショッピング

第3章 ◆ 場面別フレーズ

## レストランの予約

予約したいのですが。

**예약**하고 싶은데요.
イェ ヤッ カ ゴ シッ プン デ ヨ

今晩7時に4人です。

**오늘밤 일곱시**에 네명이에요.
オ ヌル バム イル ゴッ シ エ ネ ミョン イ エ ヨ

何時なら席がありますか？

**몇시면 자리**가 있어요?
ミョッ シ ミョン ジャ リ ガ イッ ソ ヨ

個室はありますか？

**방**이 있어요?
パン イ イッ ソ ヨ

窓側の席がいいのですが。

**창가 자리**가 좋은데요.
チャン ガ ジャ リ ガ チョ ウン デ ヨ

第3章 ◆ 場面別フレーズ

コースはいくらですか？

**코스**는 얼마예요?
コス ヌン オㇽ マ エ ヨ

韓定食4人分お願いします。

**한정식 사인분** 부탁해요.
ハンジョンシㇰ サインブン ブタッケヨ

名前は山田です。

**이름**은 야마다 입니다.
イ ㇽ ムン ヤ マ ダ イㇺ ニ ダ

地図をファックスしてください。

**지도**를 팩시밀리로 보내 주세요.
チドルㇽ ペッシミㇽリロ ボネ ジュセヨ

予約を取り消したいのですが。

예약을 **취소하**고 싶은데요.
イェヤグㇽ チュィソハゴ シップンデヨ

食事

第3章◆場面別フレーズ

## レストランで

メニュー見せてください。

**메뉴** 보여 주세요.
メ ニュ ボ ヨ ジュ セ ヨ

---

おすすめは何ですか？

**무얼** 잘 하세요?
ム オル チャ ラ セ ヨ

---

これはどんな料理ですか？

이것은 **어떤** 음식이에요?
イ ゴ スン オットン ウム シ ギ エ ヨ

---

あの人の食べているのと同じものをください。

저 분이 먹고 **있는 걸** 주세요.
チョ ブ ニ モッ コ イン ヌン コル ジュ セ ヨ

---

カルビ3人分ください。

**갈비 삼인분** 주세요.
カル ビ サ ミン ブン ジュ セ ヨ

第3章 ◆ 場面別フレーズ

> これはどうやって食べますか？
> 이것은 어떻게 먹어요?
> イ ゴ スン オッ トッ ケ モ ゴ ヨ

> 取り皿をください。
> 접시 좀 주세요.
> チョッ シ チョム ジュ セ ヨ

> キムチ（水）のお代わりをください。
> 김치 (물) 하나 더 주세요.
> キム チ ムル ハ ナ ト ジュ セ ヨ

> 空いた皿を片付けてください。
> 빈 접시 치워 주세요.
> ピン ジョッ シ チ ウォ ジュ セ ヨ

> お勘定をお願いします。
> 계산해 주세요.
> ケ サ ネ ジュ セ ヨ

食事

## 第3章 ◆ 場面別フレーズ

# 観光案内所で

観光案内をください。

## 관광안내를 주세요.
クァングァン アン ネ ルル ジュ セ ヨ

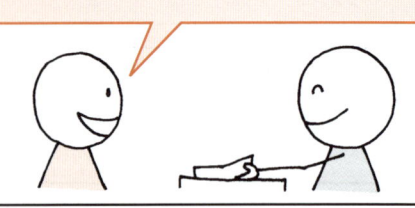

---

どこがいいですか?

### 어디가 좋아요?
オ ディ ガ チョ ア ヨ

---

お祭りがあると聞きましたが。

### 축제를 한다고 들었는데요.
チュッ チェ ルル ハン ダ ゴ ドゥ ロン ヌン デ ヨ

---

狎鴎亭洞はどうやって行きますか?

### 압구정동은 어떻게 가요?
アッ ク ジョン ドン ウン オッ トッ ケ カ ヨ

---

汗蒸幕を探しているのですが。

### 한증막을 찾고 있는데요.
ハン ジュン マ グル チャッ コ イン ヌン デ ヨ

第3章◆場面別フレーズ

博物館のパンフレットをください。
박물관의 팜플렛 주세요.
パンムル グァネ パム プル レッ ジュ セ ヨ

美術館はどこにありますか？
미술관이 어디 있어요?
ミ スル グァ ニ オ ディ イッ ソ ヨ

ここでチケットは買えますか？
여기서 티켓을 살 수 있어요?
ヨ ギ ソ ティ ケ スル サル ス イッ ソ ヨ

郷土料理のレストランを教えてください。
향토 음식점을 가르쳐 주세요.
ヒャン ト ウム シッ ジョ ムル カル チョ ジュ セ ヨ

安くてきれいな旅館を探しています。
싸고 깨끗한 여관을 찾고 있어요.
サ ゴ ケ クッ タン ヨ グァ ヌル チャッ コ イッ ソ ヨ

観光

第3章 ◆ 場面別フレーズ

## 観光ツアー

観光ツアーのパンフレットをください。

**관광 투어 팜플렛 주세요.**
クァン グァン トゥ オ パム プル レッ ジュ セ ヨ

---

日本語のガイドツアーはありますか？

**일본어 투어** 있어요?
イル ボ ノ トゥ オ イッ ソ ヨ

---

半日コースがいいです。

**반나절 투어**가 좋아요.
パン ナ ジョル トゥ オ ガ チョ ア ヨ

---

ツアーコースに民俗村は含まれますか？

투어에 **민속촌**이 포함돼 있어요?
トゥ オ エ ミン ソㇰ チョ ニ ポ ハム トゥェ イッ ソ ヨ

---

食事は含まれますか？

**식사**는 나와요?
シㇰ サ ヌン ナ ワ ヨ

第3章◆場面別フレーズ

---

出発は何時ですか？

**출발은 몇시예요**?
チュル バ ルン ミョッ シ エ ヨ

---

どこから出発しますか？

**어디서** 출발해요?
オ ディ ソ チュル バ レ ヨ

---

自由時間はどれくらいありますか？

**자유시간**은 얼마나 있어요?
チャ ユ シ ガ ヌン オル マ ナ イッ ソ ヨ

---

見学時間は何時までですか？

**견학 시간**이 몇시까지 예요?
キョナㇰ シ ガ ニ ミョッシカジ エ ヨ

---

何時に戻りますか？

**몇시에** 돌아와요?
ミョッ シ エ ド ラ ワ ヨ

観光

# 写真を撮る

写真を撮っていただけますか？

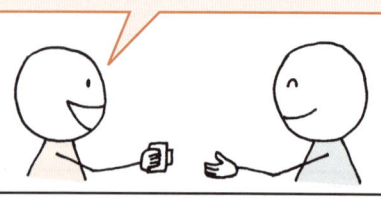

## 사진 찍어 주시겠어요?
サジン チゴ ジュ シ ゲッ ソ ヨ

---

ここを押すだけです。

**여기만 누르**면 돼요.
ヨ ギ マン ヌ ル ミョン トゥェ ヨ

---

もう1枚お願いします。

**한 장** 더 부탁해요.
ハン ジャン ト ブ タッ ケ ヨ

---

一緒に写ってください。

**같이** 찍어요.
カッ チ チ ゴ ヨ

---

フラッシュがつきませんが。

**플래시**가 안 터졌어요.
プル レ シ ガ アン ト ジョッ ソ ヨ

第3章◆場面別フレーズ

> 後で写真を送ります。
> 나중에 사진 보낼께요.
> ナジュゲ サジン ボネルケヨ

> ここで写真を撮ってもいいですか？
> 여기서 사진 찍어도 돼요?
> ヨギソ サジン チゴド トゥェヨ

> これを現像してください。
> 이거 빼 주세요.
> イゴ ペ ジュセヨ

> 焼き増しをお願いします。
> 한장씩 더 빼 주세요.
> ハンジャンシク ト ペ ジュセヨ

> いつ受け取れますか？
> 언제 받을 수 있어요?
> オンジェ パドゥル ス イッソヨ

観光

# 博物館／美術館に行く

日本語のパンフレットはありますか？

**일본어 팜플렛**이 있어요?
イル ボ ノ パム プル レ シ イッ ソ ヨ

---

入場料はいくらですか？

**입장료**는 얼마예요?
イプ ジャン ニョ ヌン オル マ エ ヨ

---

何時に閉館ですか？

**몇시에** 문 닫아요?
ミョッ シ エ ムン タ ダ ヨ

---

特別展はありますか？

**특별전**이 있어요?
トゥク ピョル ジョ ニ イッ ソ ヨ

---

荷物を持って入ってもいいですか？

**짐** 들고 가도 돼요?
チム ドゥル ゴ カ ド トゥエ ヨ

138

第3章 ◆ 場面別フレーズ

館内ガイドはいますか？
**관내에 안내 가이드**는 있어요?
クァンネ エ アンネ ガイドゥ ヌン イッソヨ

2階へ上がってもいいですか？
**이층**에 올라 가도 돼요?
イチュン エ オルラ カド トゥェヨ

お土産売り場はどこですか？
**선물가게**는 어디예요?
ソンムルカゲ ヌン オディエヨ

喫煙所はありますか？
**흡연장소**는 있어요?
フビョンジャンソ ヌン イッソヨ

出口はこっちですか？
**출구**는 이쪽이에요?
チュルグ ヌン イッチョギエヨ

観光

139

# チケットを買う

大人2枚ください。

## 어른 두장 주세요.
オ ルン トゥ ジャン ジュ セ ヨ

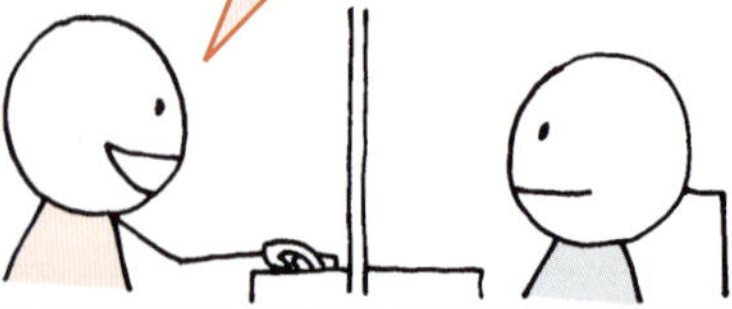

---

チケット売り場はどこですか？

**티켓**은 어디서 팔아요?
ティ ケ スン オ ディ ソ パ ラ ヨ

---

前売り券はどこで買いますか？

**예매권**은 어디서 사요?
イェ メ クォ ヌン オ ディ ソ サ ヨ

---

NANTAのチケットはまだありますか？

난타 **티켓**은 아직 있어요?
ナン タ ティ ケ スン ア ジㇰ イッ ソ ヨ

---

当日券はありますか？

**당일권**이 있어요?
タン イル クォ ニ イッ ソ ヨ

> いつまで満席ですか？

**언제까지 만석**이에요?
オンジェカジ　マンソギエヨ

> 学生割引はありますか？

**학생할인**이 있어요?
ハクセンハリニ　イッソヨ

> 1階席がいいです。

**일층 자리**가 좋아요.
イルチュン　ジャリガ　チョアヨ

> 一番いい席にしてください。

**제일 좋은 자리**로 해 주세요.
チェイル　チョウン　ジャリロ　ヘ　ジュセヨ

> もっと安い席はありますか？

더 **싼 자리** 있어요?
ト　サン　ジャリ　イッソヨ

遊ぶ

# 映画館／劇場に行く

大人2枚、子供1枚ください。

## 어른 두장, 어린이 한장 주세요.
オルン トゥジャン オリニ ハンジャン ジュセヨ

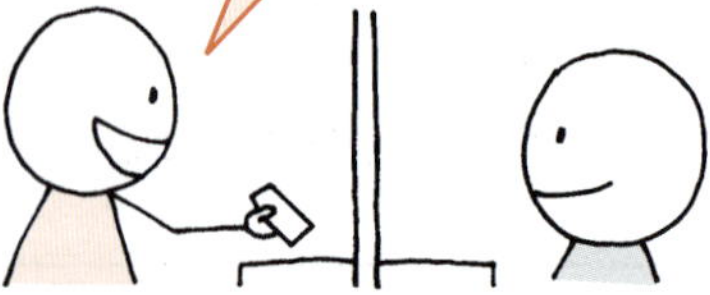

---

上映案内をください。

**상영 안내** 주세요.
サンヨン アンネ ジュセヨ

---

人気の映画は何ですか？

**인기 있는 영화**는 뭐예요?
インキ インヌン ヨンファヌン ムォエヨ

---

今何をやっていますか？

지금 **뭐** 하고 있어요?
チグム ムォ ハゴ イッソヨ

---

次の上映は何時ですか？

**다음 상영**이 몇시예요?
タウム サンヨンイ ミョッシエヨ

第3章◆場面別フレーズ

> 何分前に入れますか？
>
> **몇분전**에 들어갈 수 있어요?
> ミョップン ジョ ネ ドゥ ロ カル ス イッ ソ ヨ

> 今日は仮面劇をやっていますか？
>
> 오늘 **탈춤**은 해요?
> オ ヌル タル チュ ムン ヘ ヨ

> 何時に終わりますか？
>
> **몇시**에 끝나요?
> ミョッ シ エ クン ナ ヨ

> いつまで上演していますか？
>
> **언제**까지 상영하고 있어요?
> オン ジェ カ ジ サン ヨン ハ ゴ イッ ソ ヨ

> この番号はどこですか？
>
> 이 번호는 **어디예요**?
> イ ボ ノ ヌン オ ディ エ ヨ

遊ぶ

## カラオケに行く

カラオケに行きましょう。

**노래방**에 갑시다.
ノ レ バン エ カプ シ ダ

基本料金はいくらですか？

**기본요금**이 얼마예요?
キ ボン ヨ グ ミ オル マ エ ヨ

延長できますか？

**연장** 할 수 있어요?
ヨン ジャン ハル ス イッ ソ ヨ

リモコンはどうやって使いますか？

리모콘은 **어떻게** 써요?
リ モ コ ヌン オッ トッ ケ ソ ヨ

日本の歌もありますか？

**일본 노래**도 있어요?
イル ボン ノ レ ド イッ ソ ヨ

> ドリンクの注文をお願いします。
>
> **음료수 주문** 부탁합니다.
> ウム ニョ ス チュ ムン プ タッ カム ニ ダ

> 次は誰ですか？
>
> 다음 **차례**는 누구예요?
> タ ウム チャ レ ヌ ヌ グ エ ヨ

> 何を歌いますか？
>
> **무슨** 노래를 하세요?
> ム スン ノ レ ルㇽ ハ セ ヨ

> 上手ですね。
>
> **잘** 하시네요.
> チャ ラ シ ネ ヨ

> 一緒に歌いましょう。
>
> **같이** 노래 합시다.
> カッ チ ノ レ ハㇷ゚ シ ダ

遊ぶ

## サウナ／エステに行く

垢すりをお願いします。

**때밀**이 부탁해요.
テ ミ リ ブ タッ ケ ヨ

予約は必要ですか？

**예약**이 필요해요?
イェ ヤ ギ ピル リョ ヘ ヨ

どんなコースがありますか？

어떤 **코스**가 있어요?
オッ トン コ ス ガ イッ ソ ヨ

足のマッサージをしてください。

**발 마사지** 해 주세요.
パル マ サ ジ ヘ ジュ セ ヨ

アロエパックをお願いします。

**알로에팩** 부탁해요.
アル ロ エ ペク ブ タッ ケ ヨ

第3章◆場面別フレーズ

全身マッサージはいくらですか？
**전신 마사지** 얼마예요?
チョン シン　マ　サ　ジ　オル　マ　エ　ヨ

横になってください。
누우세요.
ヌ　ウ　セ　ヨ

うつ伏せになってください。
엎드리세요.
オㇷ゚　ドゥ　リ　セ　ヨ

少し痛いです。
**좀** 아파요.
チョㇺ　アッ　パ　ヨ

気持ちよかったです。
**상쾌** 했어요.
サン　ケ　ヘッ　ソ　ヨ

遊ぶ

第3章 ◆ 場面別フレーズ

## 占いに行く

愛情（仕事／健康）運を見てください。
**애정운을 (직업운을/건강운을) 봐 주세요.**
エジョン ウヌル　チゴブヌル　コンガンウヌル　ボア　ジュセヨ

1970年生まれです。
**천구백칠십년생이에요.**
チョン ク ベッ チル シム ニョンセン イ エ ヨ

9月8日の昼に生まれました。
**구월 팔일의 낮에 태어났어요.**
クウォル パリレ ナジェ テ オナッソヨ

陰暦は分かりません。
**음력은 몰라요.**
ウム ニョグン モル ラ ヨ

今年の運勢はどうですか？
**내년 운세는 어때요?**
ネ ニョン ウン セ ヌン オッ テ ヨ

第3章◆場面別フレーズ

今の恋人との相性を見てください。
**지금 애인과의 궁합**을 봐 주세요.
チグム エインクァエ クンハブル ボァ ジュセヨ

手相はどうですか？
**손금**은 어때요?
ソングムン オッテヨ

夢を占ってください。
**꿈**풀이 해 주세요.
クムプリ ヘ ジュセヨ

どうすれば運勢がよくなりますか？
**운세**를 상승시키는 방법은요?
ウンセルル サンスンシキヌン バンボブンヨ

お守りを買えますか？
**부적**을 살 수 있어요?
ブジョグル サル ス イッソヨ

遊ぶ

第3章 ◆ 場面別フレーズ

## 電話をする

もしもし、世宗ホテルですか？

**여보세요?**
ヨ ボ セ ヨ

**세종호텔이지요?**
セ ジョン ホ テ リ ジ ヨ

---

どうやって掛けますか？

**어떻게 걸어요?**
オッ トッ ケ　コ ロ ヨ

---

国際電話はどうやって掛けますか？

**국제전화는 어떻게 해요?**
クッ チェ ジョ ヌァ ヌン　オ トッ ケ　ヘ ヨ

---

公衆電話はどこにありますか？

**공중전화는 어디에 있어요?**
コン ジュン ジョ ヌァ ヌン　オ ディ エ　イッ ソ ヨ

---

5,000ウォンのテレフォンカードを下さい。

**오천원짜리 전화 카드 주세요.**
オ チョ ヌォン チャ リ　ジョ ヌァ　カ ドゥ　ジュ セ ヨ

第3章 ◆ 場面別フレーズ

306号室 お願いします。
**삼백육호실** 부탁해요.
サㇺ ベㇰ ニュッ コ シㇽ　ブ タッ ケ ヨ

朴先生 いらっしゃいますか？
**박선생**님 계세요?
パㇰ ソン セン ニㇺ　ケ セ ヨ

よく聞こえないのですが。
**잘 안 들리는데요.**
チャㇽ　アン　ドゥㇽ リ ヌン デ ヨ

あとでまた電話します。
**나중에 다시** 전화 하겠어요.
ナ ジュ ゲ　タ シ　ジョ ヌァ　ハ ゲッ ソ ヨ

電話があったとお伝えください。
**전화** 왔다고 전해 주세요.
チョ ヌァ　ワッ タ ゴ　ジョ ネ　ジョ セ ヨ

その他

## 郵便局に行く

> 450ウォンの切手ください。
>
> **사백오십원짜리 우표 주세요.**
> サ ベ ゴ シ ブォン チャ リ ウ ピョ ジュ セ ヨ

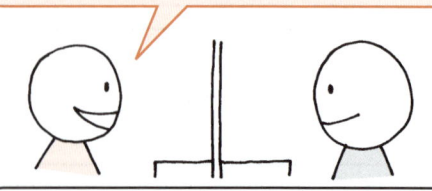

---

この近くに郵便局はありますか？

**이 근처에 우체국이 있어요?**
イ クンチョエ ウチェグギ イッソヨ

---

ポストはどこにありますか？

**우체통이 어디에 있어요?**
ウチェトンイ オディエ イッソヨ

---

切手はどこに売っていますか？

**우표는 어디서 팔아요?**
ウピョヌン オディソ パラヨ

---

これを日本に送りたいのですが。

**이걸 일본에 보내고 싶은데요.**
イゴル イルボネ ボネゴ シップンデヨ

第3章 ◆ 場面別フレーズ

航空便でお願いします。
**항공편**으로 부탁해요.
ハン ゴン ピョ ヌ ロ　プ タッ ケ ヨ

速達でお願いします。
**속달**로 부탁해요.
ソㇰ タㇽ ロ　プ タッ ケ ヨ

書留でお願いします。
**등기**로 부탁해요.
トゥン ギ ロ　プ タッ ケ ヨ

何日くらいかかりますか？
**며칠** 정도 걸려요?
ミョッ チㇽ　ジョン ド　コㇽ リョ ヨ

小包みの包装をしてください。
**소포 포장** 해 주세요.
ソ ポ　ポ ジャン　ヘ　ジュ セ ヨ

その他

153

## 自己紹介

1週間、観光に来ました。

**일주일 동안 관광**하러 왔습니다.
イル ジュ イル トン アン クァングァン ハ ロ ワッ スム ニ ダ

韓国語の勉強に来ました。

**한국어**를 공부하러 왔습니다.
ハング ゴ ルル コン ブ ハ ロ ワッ スム ニ ダ

西村真紀といいます。

**니시무라 마키**라고 합니다.
ニ シ ム ラ マ キ ラ ゴ ハム ニ ダ

大学生です。

**대학생**입니다.
テ ハㇰ セン イム ニ ダ

経済学を専攻しています。

**경제학**을 전공하고 있습니다.
キョン ジェ ハ グル ジョン ゴン ハ ゴ イッ スム ニ ダ

第3章 ◆ 場面別フレーズ

会社員です。
**회사원**입니다.
フェ サ ウォ ニㇺ ニ ダ

事務の仕事をしています。
**사무원으로 일**하고 있습니다.
サ ム ウォ ヌ ロ イ ラ ゴ イッスㇺ ニ ダ

日本から来ました。
**일본**에서 왔습니다.
イㇽ ボ ネ ソ ワッ スㇺ ニ ダ

まだ結婚していません。
아직 **결혼 안 했습니다**.
ア ジㇰ キョ ロン ア ネッスㇺ ニ ダ

趣味は旅行です。
취미는 **여행**입니다.
チュィ ミ ヌン ヨ ヘン イㇺ ニ ダ

その他

第3章◆場面別フレーズ

## 薬局に行く

風邪薬をください。

**감기약**을 주세요.
カム ギ ヤ グル  ジュ セ ヨ

処方箋の薬をください。
**처방전의 약**을 주세요.
チョ バン ジョ ネ  ヤ グル  ジュ セ ヨ

鎮痛剤をください。
**진통제**를 주세요.
チン トン ジェ ルル  ジュ セ ヨ

食当たりのようです。
**채한** 것 같아요.
チェ ハン  コッ  カッ タ ヨ

鼻水が出るのですが。
**콧물**이 나는데요.
コン ム リ  ナ ヌン デ ヨ

> 虫に刺されました。
>
> **벌레**에 물렸어요.
> ボル レ エ　ムルリョッソ ヨ

> これと同じ薬をください。
>
> 이거하고 **같은 약**을 주세요.
> イゴハゴ　カットゥン ヤグル ジュセヨ

> （効き目が）強くないものにしてください。
>
> **독하지 않은 걸**로 주세요.
> トッカジ　アヌン　コルロ　ジュセヨ

> どうやって飲めばいいですか？
>
> **어떻게** 먹으면 돼요?
> オットッケ　モグミョン トゥェヨ

> 今飲んでもいいですか？
>
> **지금** 먹어도 돼요?
> チグム　モゴド　トゥェヨ

その他

第3章◆場面別フレーズ

## 病院に行く

具合がよくありません。

# 몸이 안 좋아요.
モ ミ　　アン　チョ ア ヨ

---

熱が下がりません。

**열**이 안 내려가요.
ヨ リ　アン　ネ リョ カ ヨ

---

病院に連れて行ってください。

**병원**에 데려다 주세요.
ピョン ウォ ネ　テ リョ ダ　ジュ セ ヨ

---

下痢が3日間続いています。

설사가 **삼일동**안 계속되고 있어요.
ソル サ ガ　サ ミル トン アン　ケ ソッ トゥェ ゴ　イッ ソ ヨ

---

お腹がひどく痛みます。

**배**가 굉장이 아파요.
ペ ガ　クェン ジャン イ　ア ッパ ヨ

> 出血が止まりません。

**출혈**이 멈추지 않아요.
チュリョリ モㇺチュジ アナヨ

> 歯が痛くてたまりません。

**이빨**이 아파서 못 참아요.
イッパリ アッパソ モッ チャマヨ

> 食べ物のアレルギーがあります。

음식에 **알레르기**가 있어요.
ウㇺシゲ アㇽレㇽギガ イッソヨ

> 何を食べてもかまいませんか？

**뭐**든지 먹어도 괜찮아요?
ムォドゥンジ モゴド クェンチャナヨ

> 診断書を書いてください。

**진단서**를 써 주세요.
チンダンソルㇽ ソ ジュセヨ

その他

第3章◆場面別フレーズ

## トラブル会話

部屋のかぎをなくしました。
**방** **열쇠**를 분실했어요.
パン ヨル スェ ルル ブン シ レッ ソ ヨ

電車に荷物を忘れました。
**열차**에 짐을 두고 내렸어요.
ヨル チャ エ チ ムル ドゥ ゴ ネ リョッ ソ ヨ

遺失物係はどこですか？
**분실물 센터**는 어디예요?
ブン シル ムル セン ト ヌン オ ディ エ ヨ

財布をすられました。
**지갑**을 소매치기 당했어요.
チ ガ ブル ソ メ チ ギ タン ヘッ ソ ヨ

かばんを盗まれました。
**가방**을 도난 당했어요.
カ バン ウル ト ナン タン ヘッ ソ ヨ

第3章◆場面別フレーズ

---

パスポートと航空券が入っています。
**여권하고 항공권**이 들어 있어요.
ヨ クォナ ゴ　ハン ゴン クォニ　ドゥロ　イッソ　ヨ

---

警察を呼んでください。
**경찰**을 불러 주세요.
キョン チャ ルㇽ　ブル ロ　ジュ セ ヨ

---

盗難証明書を書いてください。
**도난 증명서**를 써 주세요.
ト ナン　ジュンミョンソ ルㇽ　ソ　ジュ セ ヨ

---

日本大使館に連絡してください。
**일본 대사관**에 연락해 주세요.
イル ボン　デ サ グァ ネ　ヨㇽ ラッ ケ　ジュ セ ヨ

---

再発行の手続きはどうすればいいですか？
**재발행 수속**은 어떻게 해요?
チェ バ レン　ス ソ グン　オットッケ　ヘ ヨ

その他

―ソウルのその先へ

**コラム** ## いつか訪れたい韓国の街

　韓国各地にはソウルの他にも魅力的な街がたくさんあります。本書の中でもいくつか地名を取り上げていますが、ここではその代表的なものを紹介します。

### 水原 수원 スウォン
- ソウルから電車で約1時間。世界遺産に指定されている水原華城と、おいしいカルビで有名。

### 釜山 부산 プサン
- 松林と砂浜が続く風光明媚な港町。魚介類がおいしいのでお試しを。

### 安東 안동 アンドン
- 朝鮮王朝から続く文化を今も守り続ける街。王朝時代の集落を歩くとタイムトリップした気分。

### 慶州 경주 キョンジュ
- 韓国で観光地といえば真っ先に思い浮かぶのがこの慶州。新羅時代の仏教遺跡が数多く残る。

### 大邱 대구 テグ
- 古くからの漢方薬取引の街。今も多くの薬局が軒を連ねる。絹織物、リンゴの産地としても有名。

### 光州 광주 グァンジュ
- 現代芸術のフェスティバル、光州ビエンナーレで知られる。10月開催のキムチ祭りも有名。

### 大田 대전 テジョン
- エキスポ科学公園などが見どころ。参鶏湯やソルロンタン（牛の煮込みスープ）は大田の名物。

### 済州島 제주도 チェジュド
- 年中通して温暖なリゾート地。島の中央にそびえる漢拏山は標高が韓国一。

# 付録

# 単語集

## 乗りもの（飛行機／船）

| 日本語 | 韓国語 | 読み |
|---|---|---|
| 救命胴衣 | 구명동의 | クミョン ドン ウィ |
| 空港 | 공항 | コン ハン |
| 検疫 | 검역 | コ ミョク |
| 航空券 | 항공권 | ハンゴン クォン |
| 国際線 | 국제선 | クク チェ ソン |
| 国内線 | 국내선 | クン ネ ソン |
| 時差 | 시차 | シ チャ |
| 税関 | 세관 | セ グァン |
| 手荷物 | 수하물 | ス ハ ムル |
| 搭乗 | 탑승 | タプ スン |
| 搭乗ゲート | 탑승 게이트 | タプスン ゲ イトゥ |
| 入国審査 | 입국심사 | イプ クク シム サ |
| パスポート | 여권 | ヨ クォン |
| 飛行機 | 비행기 | ビ ヘン ギ |
| フェリー | 페리 | ペ リ |
| 船 | 배 | ペ |
| フライトアテンダント | 승무원 | スン ム ウォン |
| 免税 | 면세 | ミョン セ |
| 毛布 | 담요 | タム ニョ |
| リコンファーム | 재확인 | チェ ファ ギン |

## 乗りもの（その他）

| 日本語 | 韓国語 | 読み |
|---|---|---|
| 運賃 | 운임 | ウ ニム |
| 運転手 | 운전기사 | ウン ジョン ギ サ |
| オートバイ | 오토바이 | オ ト バ イ |
| 改札口 | 개찰구 | ケ チャル グ |
| キップ | 표 | ピョ |
| 空車 | 빈차 | ピン チャ |
| 空席 | 빈 자리 | ピン ジャ リ |
| 高速道路 | 고속도로 | コ ソク ド ロ |

| 日本語 | 韓国語 | カナ |
|---|---|---|
| 座席 | 좌석 | ジャソク |
| 座席バス | 좌석버스 | ジャソクボス |
| 時刻表 | 시간표 | シガンピョ |
| 自転車 | 자전거 | チャジョンゴ |
| 市内バス | 시내버스 | シネボス |
| 始発 | 시발 | シバル |
| 渋滞 | 정체 | チョンチェ |
| 終電 | 막차 | マクチャ |
| 寝台車 | 침대차 | チムデチャ |
| 清算 | 청산 | チョンサン |
| タクシー | 택시 | テクシ |
| 地下鉄 | 지하철 | チハチョ |
| 通過 | 통과 | トンクァ |
| 鉄道 | 철도 | チョルド |
| バス停 | 버스 정류장 | ボスチョンニュジャン |
| ホーム | 승강장 | スンガンジャン |
| 満席 | 만석 | マンソク |
| メーター | 미터 | ミト |
| 列車 | 열차 | ヨルチャ |
| 路線図 | 노선도 | ノソンド |

## 泊まる

| 日本語 | 韓国語 | カナ |
|---|---|---|
| エアコン | 에어컨 | エオコン |
| オンドル | 온돌 | オンドル |
| かぎ | 열쇠 | ヨルスェ |
| 掛け布団 | 이불 | イブル |
| 韓式旅館 | 한식 여관 | ハンシクヨグァン |
| 貴重品 | 귀중품 | クィジュンプム |
| キャンセル | 취소 | チュィソ |
| 金庫 | 금고 | クムゴ |
| クリーニング | 클리닝 | クルリニン |

● 乗りもの ● 泊まる

## 付録◆単語集

| 日本語 | 韓国語 | 読み |
|---|---|---|
| シャワー | 샤워 | シャウォ |
| 宿泊 | 숙박 | スクパク |
| シングル | 싱글 | シングル |
| スリッパ | 슬리퍼 | スルリッポ |
| 掃除 | 청소 | チョンソ |
| タオル | 수건 | スゴン |
| ダブル | 더블 | ドブル |
| チェックアウト | 체크아웃 | チェクアウッ |
| チェックイン | 체크인 | チェクイン |
| 朝食 | 아침 식사 | アッチム シクサ |
| ツイン | 트윈 | トゥイン |
| トイレ | 화장실 | ファジャンシル |
| ハンガー | 옷걸이 | オッコリ |
| 非常口 | 비상구 | ピサング |
| フロント | 프런트 | プロントゥ |
| ベッド | 침대 | チムデ |
| ホテル | 호텔 | ホテル |
| 枕 | 베개 | ペゲ |
| モーニングコール | 모닝콜 | モニンコル |
| 予約 | 예약 | イェヤク |
| 旅館 | 여관 | ヨグァン |
| ルームナンバー | 방 번호 | パン ボノ |

### 食べる

| 日本語 | 韓国語 | 読み |
|---|---|---|
| お椀 | 그릇 | クルッ |
| コース | 코스 | コス |
| ご飯 | 밥 | パプ |
| 皿 | 접시 | チョプシ |
| 食事 | 식사 | シクサ |
| スープ | 국 | クク |
| スプーン | 숟가락 | スッカラク |

| | | | |
|---|---|---|---|
| スプーンとはし | 수저 <br> ス ジョ | 餃子 | 만두 <br> マン ドゥ |
| 中華 | 중국식 <br> チュング ク シク | コムタン | 곰탕 <br> コム タン |
| 注文 | 주문 <br> チュ ムン | 刺身 | 회 <br> フェ |
| 飲み物 | 음료수 <br> ウム ニョス | サムゲタン | 삼계탕 <br> サム ゲ タン |
| はし | 젓가락 <br> チョッ カ ラク | 寿司 | 초밥 <br> チョ バプ |
| 洋食 | 양식 <br> ヤン シク | ダッカルビ | 닭갈비 <br> タク カル ビ |
| レストラン | 식당 <br> シク タン | チヂミ | 지짐이 <br> チ ジ ミ |
| 和食 | 일식 <br> イル シク | チャーハン | 볶음밥 <br> ポック ム パプ |
| **メニュー** | | チャプチェ | 잡채 <br> チャプ チェ |
| 石焼ビビンバ | 돌솥비빔밥 <br> トル ソッ ビ ビム バプ | つまみ | 안주 <br> アン ジュ |
| うどん | 우동 <br> ウ ドン | ナムル | 나물 <br> ナ ムル |
| 粥 | 죽 <br> チュク | のり | 김 <br> キム |
| 韓定食 | 한정식 <br> ハン ジョン シク | 焼肉 | 불고기 <br> プル コ ギ |
| キムチ | 김치 <br> キム チ | ラーメン | 라면 <br> ラ ミョン |
| キムチチゲ | 김치찌개 <br> キム チ チ ゲ | 冷麺 | 냉면 <br> ネン ミョン |

## 味わう

| 日本語 | 韓国語 | 読み |
|---|---|---|
| 甘い | 달다 | タル ダ |
| おいしい | 맛있다 | マ シッ タ |
| 辛い | 맵다 | メプ タ |
| 辛くない | 안 맵다 | アン メプ タ |
| しょっぱい | 짜다 | チャ ダ |
| 酸っぱい | 시다 | シ ダ |
| 苦い | 쓰다 | ス ダ |

## 食材

| 日本語 | 韓国語 | 読み |
|---|---|---|
| 味の素 | 미원 | ミウォン |
| 貝 | 조개 | チョ ゲ |
| カラシ | 겨자 | キョ ジャ |
| 牛肉 | 쇠고기 | ソ コ ギ |
| コショウ | 후추 | フ チュ |
| ゴマ | 깨 | ケ |
| ゴマ油 | 참기름 | チャム ギ ルム |
| 魚 | 생선 | セン ソン |
| 砂糖 | 설탕 | ソル タン |
| 塩 | 소금 | ソ グム |
| 醤油 | 간장 | カン ジャン |
| 酢 | 식초 | シク チョ |
| 卵 | 계란 | ケ ラン |
| 調味料 | 조미료 | チョ ミ リョ |
| 添加物 | 첨가물 | チョム ガ ムル |
| 唐辛子 | 고추 | コ チュ |
| 唐辛子味噌 | 고추장 | コ チュ ジャン |
| 豆腐 | 두부 | トゥ ブ |
| 鶏肉 | 닭고기 | タッ コ ギ |
| 豚肉 | 돼지고기 | トェ ジ コ ギ |
| 味噌 | 된장 | テン ジャン |

## 野菜／くだもの

| 日本語 | 韓国語 | 読み |
|---|---|---|
| アンズ | 살구 | サル グ |
| イチゴ | 딸기 | タル ギ |
| カキ | 감 | カム |
| カボチャ | 호박 | ホ バク |
| キャベツ | 양배추 | ヤン ベ チュ |
| キュウリ | 오이 | オ イ |
| クリ | 밤 | バム |
| サツマイモ | 고구마 | コ グ マ |
| サンチュ | 상추 | サン チュ |
| シイタケ | 표고 버섯 | ピョ ゴ ボ ソッ |
| ジャガイモ | 감자 | カム ジャ |
| ショウガ | 생강 | セン ガン |
| スイカ | 수박 | ス バク |
| 大根 | 무우 | ム ウ |
| タマネギ | 양파 | ヤン パ |
| トマト | 토마토 | ト マ ト |
| ナツメ | 대추 | テ チュ |
| ニラ | 부추 | ブ チュ |
| ニンジン | 당근 | タン グン |
| ニンニク | 마늘 | マ ヌル |
| ネギ | 파 | パ |
| 白菜 | 배추 | ベ チュ |
| ホウレン草 | 시금치 | シ グム チ |
| マクワウリ | 참외 | チャ メ |
| ミカン | 귤 | キュル |
| モモ | 복숭아 | ポク スン ア |
| モヤシ | 콩나물 | コン ナ ムル |
| リンゴ | 사과 | サ グァ |
| レタス | 양상추 | ヤン サン チュ |

●味わう ●食材 ●野菜／くだもの

| ショッピング | | 酒 | 술<br>スル |
|---|---|---|---|
| 市場 | 시장<br>シジャン | 下着 | 속옷<br>ソゴッ |
| イヤリング | 귀걸이<br>クィゴリ | ジャンパー | 점퍼<br>ジョンポ |
| お茶 | 차<br>チャ | スカート | 치마<br>チマ |
| かばん | 가방<br>カバン | スーパー | 슈퍼<br>シュポ |
| 革製品 | 가죽 제품<br>カジュク チェブム | ズボン | 바지<br>パジ |
| 記念品 | 기념품<br>キニョムプム | セーター | 스웨터<br>スウェト |
| 靴 | 구두<br>クドゥルル | 素材 | 소재<br>ソジェ |
| 靴下 | 양말<br>ヤンマル | タバコ | 담배<br>タムベ |
| キーホルダー | 열쇠걸이<br>ヨルスェゴリ | チマチョゴリ (韓服) | 한복<br>ハンボク |
| 化粧品 | 화장품<br>ファジャンプム | デパート | 백화점<br>ペッカジョム |
| 香水 | 향수<br>ヒャンス | ネックレス | 목걸이<br>モクコリ |
| 骨董品 | 골동품<br>コルドンプム | パジャマ | 잠옷<br>チャモッ |
| コンビニ | 편의점<br>ピョニジョム | ハンカチ | 손수건<br>ソンスゴン |
| 財布 | 지갑<br>チガプ | 土産 | 선물<br>ソンムル |

## 色／サイズ

| 青 | 파랑색 (パランセク) |
| --- | --- |
| 赤 | 빨강색 (パルカンセク) |
| オレンジ | 오렌지색 (オレンジセク) |
| 黄色 | 노란색 (ノランセク) |
| 黒 | 검정색 (コムジョンセク) |
| 白 | 하얀색 (ハヤンセク) |
| 茶色 | 갈색 (カルセク) |
| ピンク | 분홍색 (プノンセク) |
| 緑 | 녹색 (ノクセク) |
| 紫 | 보라색 (ポラセク) |
| 明るい色 | 밝은 색 (パルグンセク) |
| 地味な | 수수한 (ススハン) |
| 派手な | 화려한 (ファリョハン) |
| 模様 | 무늬 (ムニ) |
| 無地 | 무지 (ムジ) |
| 大きいサイズ | 큰 사이즈 (クンサイジュ) |
| 小さいサイズ | 작은 사이즈 (チャグンサイジュ) |
| 丈 | 기장 (キジャン) |

## 支払い交渉

| おつり | 거스름돈 (コスルムトン) |
| --- | --- |
| 高い | 비싸다 (ピッサダ) |
| 定価 | 정가 (チョンガ) |
| 特売品 | 특매품 (トゥンメプム) |
| 袋 | 봉지 (ポンジ) |
| 包装 | 포장 (ポジャン) |
| 見本 | 견본 (キョンボン) |
| 安い | 싸다 (サダ) |
| 領収書 | 영수증 (ヨンスチュン) |
| 割引 | 할인 (ハリン) |

## 手紙／電話

| 日本語 | 韓国語 | 読み |
|---|---|---|
| 宛先 | 수신처 | ス シン チョ |
| エアメール | 항공편 | ハン ゴン ビョン |
| 書留 | 등기 | トゥン ギ |
| 切手 | 우표 | ウ ピョ |
| 携帯電話 | 휴대폰 | ヒュ デ ポン |
| 公衆電話 | 공중 전화 | コン ジュン チョ ヌァ |
| 国際電話 | 국제 전화 | クッ チェ チョ ヌァ |
| 小包 | 소포 | ソ ポ |
| 市内通話 | 시내통화 | シ ネ トン ファ |
| 住所 | 주소 | チュ ソ |
| 受話器 | 수화기 | ス ファ ギ |
| 速達 | 속달 | ソク タル |
| 直通 | 직통 | チク トン |
| テレホンカード | 전화카드 | チョ ヌァ カ ドゥ |
| 電話帳 | 전화번호부 | チョ ヌァ ボ ノ ブ |
| 電話料金 | 전화 요금 | チョ ヌァ ヨ グム |
| 内線 | 내선 | ネ ソン |
| はがき | 엽서 | ヨプ ソ |
| 箱 | 상자 | サン ジャ |
| 話し中 | 통화중 | トン ファ チュン |
| ひも | 끈 | クン |
| 便箋 | 편지지 | ピョン ジ ジ |
| ファックス | 팩시밀리 | ペク シ ミル リ |
| 封筒 | 봉투 | ポン トゥ |
| 船便 | 선편 | ソン ピョン |
| ポスト | 우체통 | ウ チェ トン |
| 郵便局 | 우체국 | ウ チェ グク |
| 郵便番号 | 우편 번호 | ウ ピョン ボ ノ |
| 留守番電話 | 자동 응답기 | チャ ドン ウン ダプ キ |

| 通信 | | 送信 | 송신 ソンシン |
|---|---|---|---|
| Eメール | 전자 우편 チョンチャ ウピョン | ソフトウェア | 소프트웨어 ソプトゥウェオ |
| アドレス | 어드레스 オドゥレス | チャット | 채팅 チェティン |
| インターネット | 인터넷 イントネッ | テキスト | 텍스트 テクストゥ |
| ウィルス | 바이러스 バイロス | 添付 | 첨부 チョンブ |
| ウェブサイト | 웹 사이트 ウェブ サイトゥ | ハードウェア | 하드웨어 ハドゥウェオ |
| ウェブページ | 웹 페이지 ウェブ ペイジ | パソコン | 퍼스컴 ポスコム |
| ウェブサーフィン | 웹 서핑 ウェブ ソピン | ファイル | 파일 パイル |
| オンライン | 온라인 オンライン | ブラウザ | 부라우자 ブラウジャ |
| カテゴリ | 카테고리 カテゴリ | プリンタ | 프린터 プリントゥ |
| 検索 | 검색 コムセク | 保存 | 보존 ポジョン |
| 検索エンジン | 검색 엔진 コムセク エンジン | メモリ | 메모리 メモリ |
| コンピューター | 컴퓨터 コムピュトゥ | ホームページ | 홈페이지 ホムペイジ |
| 受信 | 수신 スシン | ログイン | 로그인 ログイン |
| 接続 | 접속 チョプソク | ログアウト | 로그아웃 ログアウッ |

## 銀行

| | |
|---|---|
| 暗証番号 | 비밀번호<br>ビ ミル ボ ノ |
| 印鑑 | 인감<br>インカム |
| 外換銀行 | 외환 은행<br>ウェ ファン ウ ネン |
| 韓国ウォン | 한화<br>ハ ヌァ |
| 現金 | 현금<br>ヒョングム |
| 口座 | 구좌<br>ク ジャ |
| 小切手 | 수표<br>ス ピョ |
| 小銭 | 잔돈<br>チャンドン |
| 自動支払機 | 자동 지불기<br>チャドン チ ブル ギ |
| 紙幣 | 지폐<br>チ ペ |
| 送金 | 송금<br>ソングム |
| 通帳 | 통장<br>トンジャン |
| トラベラーズ<br>チェック | 여행자 수표<br>ヨヘンジャ スピョ |
| ドル | 달라<br>ダル ラ |
| 日本円 | 일화<br>イル ァ |
| 窓口 | 창구<br>チャン グ |
| 預金 | 예금<br>イェ グム |
| 利息 | 이자<br>イ ジャ |
| 両替 | 환전<br>ファンジョン |
| レート | 환율<br>ファ ニュル |

## 観光

| | |
|---|---|
| ガイド | 가이드<br>カ イ ドゥ |
| 観光案内所 | 관광 안내소<br>クァングァン アンネソ |
| 観光地 | 관광지<br>クァングァン ジ |
| 観光地図 | 관광 지도<br>クァングァン ジ ド |
| 食事込み | 식사 포함<br>シクサ ポハム |
| ツアー | 투어<br>トゥ オ |
| ツアー料金 | 투어 요금<br>トゥ オ ヨグム |
| パンフレット | 팜플렛<br>パム プルレッ |

| 日本語 | 韓国語 | 読み |
|---|---|---|
| 遺跡 | 유적 | ユジョク |
| 開館 | 개관 | ケ グァン |
| 教会 | 교회 | キョ フェ |
| 故宮 | 고궁 | コ グン |
| 聖堂 | 성당 | ソン ダン |
| 団体割引 | 단체 할인 | ダンチェ ハリン |
| 庭園 | 정원 | チョンウォン |
| 特別展 | 특별전 | トゥッピョルジョン |
| 入場料 | 입장료 | イプ ジャンニョ |
| 博物館 | 박물관 | パン ムル グァン |
| 美術館 | 미술관 | ミ スル グァン |
| 閉館 | 폐관 | ペ グァン |
| 祭り | 축제 | チュク チェ |
| 民俗村 | 민속촌 | ミン ソク チョン |
| 名所 | 명소 | ミョン ソ |

## 遊ぶ

| 日本語 | 韓国語 | 読み |
|---|---|---|
| 映画 | 영화 | ヨン ファ |
| 演劇 | 연극 | ヨン グク |
| 勝つ | 이기다 | イ ギ ダ |
| 仮面劇 | 탈춤 | タル チュム |
| カラオケ | 노래방 | ノ レ バン |
| 観戦 | 관전 | クァンジョン |
| 競技場 | 경기장 | キョン ギ ジャン |
| 決勝戦 | 결승전 | キョルスンジョン |
| 古典音楽 | 고전 음악 | コジョン ウ マク |
| コンサート | 콘서트 | コン ソ トゥ |
| サーカス | 곡예 | コ グェ |
| サッカー | 축구 | チュック |
| サムルノリ | 사물놀이 | サムル ロ リ |
| 指定席 | 지정석 | チ ジョン ソク |

● 銀行 ● 観光 ● 遊ぶ

| 日本語 | 韓国語 | 読み |
|---|---|---|
| 上演 | 상연 | サンヨン |
| 将棋 | 장기 | チャンギ |
| 選手 | 선수 | ソンス |
| チケット | 티켓 | ティケッ |
| ディスコ | 디스코텍 | ディスコテク |
| テコンドー | 태권도 | テクォンド |
| 農楽 | 농악 | ノンアク |
| バスケットボール | 농구 | ノング |
| バレーボール | 배구 | ペグ |
| ビリヤード | 당구 | タング |
| ファン | 팬 | ペン |
| 負ける | 지다 | チダ |
| ミュージカル | 뮤지컬 | ミュジコル |
| 野球 | 야구 | ヤグ |
| ワールドカップ | 월드컵 | ウォルドゥコプ |

## 美容

| 日本語 | 韓国語 | 読み |
|---|---|---|
| 垢すり | 때밀이 | テミリ |
| うぶ毛抜き | 솜털뽑기 | ソムトルポッキ |
| ガウン | 가운 | カウン |
| キュウリパック | 오이 팩 | オイペク |
| サウナ | 사우나 | サウナ |
| 指圧 | 지압 | チアプ |
| 塩ぶくろ | 소금주머니 | ソグムジュモニ |
| 銭湯 | 목욕탕 | モギョクタン |
| ダイエット | 다이어트 | ダイオトゥ |
| 汗蒸幕 | 한증막 | ハンジュンマク |
| 美容院 | 미용실 | ミヨンシル |
| マッサージ | 마사지 | マサジ |
| ヨモギ蒸し | 쑥찜 | スクチム |
| ローション | 로션 | ロション |

## 体の部位

| 日本語 | 韓国語 | 読み |
|---|---|---|
| 足 | 다리 | タリ |
| 足首 | 발목 | パルモク |
| 足の指 | 발가락 | パルカラク |
| 頭 | 머리 | モリ |
| 腕 | 팔 | パル |
| 肩 | 어깨 | オッケ |
| 髪の毛 | 머리 카락 | モリカラク |
| 口 | 입 | イプ |
| 唇 | 입술 | イプスル |
| 腰 | 허리 | ホリ |
| 尻 | 엉덩이 | オンドンイ |
| 背中 | 등 | トゥン |
| 手 | 손 | ソン |
| 手首 | 손목 | ソンモク |
| のど | 목 | モク |
| 鼻 | 코 | コ |
| 腹 | 배 | ペ |
| ひざ | 무릎 | ムルプ |
| ひたい | 이마 | イマ |
| 眉毛 | 눈썹 | ヌンソプ |
| 耳 | 귀 | クィ |
| 目 | 눈 | ヌン |
| 指 | 손가락 | ソンカラク |

## 病気

| 日本語 | 韓国語 | 読み |
|---|---|---|
| アレルギー | 알레르기 | アルレルギ |
| 医者 | 의사 | ウィサ |
| 風邪 | 감기 | カムギ |
| 風邪薬 | 감기약 | カムギヤク |
| 漢方薬 | 한약 | ハニャク |

| | | | |
|---|---|---|---|
| 薬 | 약<br>ヤク | 低血圧 | 저혈압<br>チョ ヒョラプ |
| 下痢 | 설사<br>ソル サ | 尿 | 오줌<br>オ ジュム |
| 高血圧 | 고혈압<br>コ ヒョラプ | 熱 | 열<br>ヨル |
| 歯痛 | 치통<br>チ トン | 歯医者 | 치과<br>チ クァ |
| 消化剤 | 소화제<br>ソ ファ ジェ | 吐き気 | 구역질<br>ク ヨク チル |
| 食当たり | 식중독<br>シク チュン ドク | 鼻水 | 콧물<br>コン ムル |
| 処方箋 | 처방전<br>チョ パン ジョン | 病院 | 병원<br>ビョンウォン |
| 診断書 | 진단서<br>チン ダン ソ | 貧血 | 빈혈<br>ピ ニョル |
| 頭痛 | 두통<br>トゥ トン | 副作用 | 부작용<br>プ ジャ ギョン |
| せき | 기침<br>キ チム | 便 | 변<br>ビョン |
| 喘息 | 천식<br>チョンシク | 便秘 | 변비<br>ビョン ビ |
| 体温計 | 체온계<br>チェ オン ゲ | 盲腸 | 맹장<br>メン ジャン |
| 痔 | 치질<br>チ ジル | 虫歯 | 충치<br>チュン チ |
| 注射 | 주사<br>チュ サ | やけど | 화상<br>ファ サン |
| 鎮痛剤 | 진통제<br>チン トン ジェ | 薬局 | 약국<br>ヤク クク |

## トラブル

| 日本語 | 韓国語 | 読み |
|---|---|---|
| 違反 | 위반 | ウィバン |
| 火災 | 화재 | ファジェ |
| 警察 | 경찰 | キョンチャル |
| 交通事故 | 교통사고 | キョトンサゴ |
| 強盗 | 강도 | カンド |
| 故障 | 고장 | コジャン |
| 再発行 | 재발행 | チェバレン |
| 事故証明書 | 사고 증명서 | サゴ チュンミョンソ |
| 地震 | 지진 | チジン |
| 修理 | 수리 | スリ |
| 申告 | 신고 | シンゴ |
| スリ | 소매치기 | ソメチギ |
| 盗難 | 도난 | トナン |
| 盗難証明書 | 도난 증명서 | トナン チュウミョンソ |
| 泥棒 | 도둑 | トドゥク |
| 日本大使館 | 일본 대사관 | イルボン デサグァン |
| 入院 | 입원 | イボン |
| 罰金 | 벌금 | ボルグム |
| 紛失 | 분실 | ブンシル |
| 保険 | 보험 | ポホム |
| 身分証明書 | 신분증 | シンブンチュン |

## 日用雑貨

| 日本語 | 韓国語 | 読み |
|---|---|---|
| いす | 의자 | ウィジャ |
| 糸 | 실 | シル |
| 鉛筆 | 연필 | ヨンピル |
| 鏡 | 거울 | コウル |
| 傘 | 우산 | ウサン |
| 紙 | 종이 | チョンイ |
| カレンダー | 달력 | タルリョク |

| 日本語 | 韓国語 | | 日本語 | 韓国語 |
|---|---|---|---|---|
| くし | 빗 (ビッ) | | **電気製品** | |
| 消しゴム | 지우개 (チウゲ) | エアコン | 에어콘 (エオコン) |
| ごみ箱 | 휴지통 (ヒュジトン) | カメラ | 카메라 (カメラ) |
| 定規 | 자 (チャ) | 乾電池 | 건전지 (コンジョンジ) |
| 新聞 | 신문 (シンムン) | 蛍光灯 | 형광등 (ヒョングァンドゥン) |
| 石けん | 비누 (ビヌ) | 炊飯器 | 밥통 (パプトン) |
| 机 | 책상 (チェクサン) | 洗濯機 | 세탁기 (セタクキ) |
| ティッシュ | 화장지 (ファジャンジ) | 扇風機 | 선풍기 (ソンプンギ) |
| はさみ | 가위 (カウィ) | 掃除機 | 청소기 (チョンソギ) |
| 歯ブラシ | 칫솔 (チッソル) | テレビ | 텔레비 (テルレビ) |
| 歯磨き | 치약 (チヤク) | ドライヤー | 드라이어 (トゥライオ) |
| 針 | 바늘 (パヌル) | ビデオ | 비디오 (ビディオ) |
| ひげ剃り | 면도기 (ミョンドギ) | 変圧器 | 변압기 (ピョナプキ) |
| ボタン | 단추 (タンチュ) | 魔法瓶 | 보온병 (ポオンビョン) |
| ボールペン | 볼펜 (ボルペン) | 冷蔵庫 | 냉장고 (ネンジャンゴ) |

## 家族

| 日本語 | 韓国語 | 読み |
|---|---|---|
| 私 | 저 | チョ |
| 父 | 아버지 | アボジ |
| 母 | 어머니 | オモニ |
| 両親 | 부모 | プモ |
| 兄 (弟から) | 형 | ヒョン |
| 兄 (妹から) | 오빠 | オッパ |
| 姉 (弟から) | 누나 | ヌナ |
| 姉 (妹から) | 언니 | オンニ |
| 弟 | 남동생 | ナムトンセン |
| 妹 | 여동생 | ヨドンセン |
| 兄弟 | 형제 | ヒョンジェ |
| 姉妹 | 자매 | チャメ |
| 祖父 | 할아버지 | ハラボジ |
| 祖母 | 할머니 | ハルモニ |
| 夫 | 남편 | ナムピョン |
| 妻 | 아내 | アネ |
| 夫婦 | 부부 | ププ |
| 息子 | 아들 | アドゥル |
| 娘 | 딸 | タル |
| 孫 | 손자 | ソンジャ |
| いとこ | 사촌 | サチョン |
| 友人 | 친구 | チング |
| 大人 | 어른 | オルン |
| 子供 | 어린이 | オリニ |

## 職業

| 日本語 | 韓国語 | 読み |
|---|---|---|
| 医者 | 의사 | ウィサ |
| 運転手 | 운전기사 | ウンジョンギサ |
| 音楽家 | 음악가 | ウマッカ |
| 会社員 | 회사원 | フェサウォン |

| 看護婦 | 간호원 カノウォン | 販売員 | 판매원 パンメウォン |
|---|---|---|---|
| 記者 | 기자 キジャ | 弁護士 | 변호사 ピョノサ |
| 教師 | 교사 キョサ | 幼稚園児 | 유치원아 ユチウォナ |
| 教授 | 교수 キョス | 保育園児 | 보육원아 ポユグォナ |
| 銀行員 | 은행원 ウネンウォン | 小学生 | 초등학생 チョドゥンハクセン |
| 組合員 | 조합원 チョハブォン | 中学生 | 중학생 チュンハクセン |
| 公務員 | 공무원 コンムウォン | 高校生 | 고등학생 コドゥンハクセン |
| コック | 요리사 ヨリサ | 大学生 | 대학생 テハクセン |
| 自営業 | 자영업 チャヨンオプ | 浪人生 | 재수생 チェスセン |
| 実業家 | 실업가 シロプカ | 大学院生 | 대학원생 テハグォンセン |
| 自由業 | 자유업 チャユオプ | | |
| 主婦 | 주부 チュブ | | |

### 動物

| 製造業 | 제조업 チェジョオプ | イヌ | 개 ケ |
|---|---|---|---|
| 店員 | 점원 チョムォン | ウサギ | 토끼 トッキ |
| | | ウシ | 소 ソ |
| 農業 | 농업 ノンオプ | ウマ | 말 マル |

| | | | |
|---|---|---|---|
| カエル | 개구리 ケグリ | | |
| カラス | 까마귀 カマグィ | **植物** | |
| キリン | 기린 キリン | アジサイ | 자양화 チャヤンファ |
| サル | 원숭이 ウォンスンイ | イチョウ | 은행나무 ウネンナム |
| スズメ | 참새 チャムセ | ウメ | 매화 メファ |
| ゾウ | 코끼리 コキリ | 木 | 나무 ナム |
| ツバメ | 제비 チェビ | キク | 국화 ククァ |
| トラ | 호랑이 ホランイ | コスモス | 코스모스 コスモス |
| トリ | 새 セ | サクラ | 벚꽃 ポッコッ |
| ニワトリ | 닭 タク | スイセン | 수선화 スソヌァ |
| ネコ | 고양이 コヤンイ | タケ | 대나무 テナム |
| ネズミ | 쥐 チュィ | タンポポ | 민들레 ミンドゥルレ |
| ヒツジ | 양 ヤン | ツツジ | 진달래 チンダルレ |
| ブタ | 돼지 トゥェジ | ツバキ | 동백 トンベク |
| ワシ | 독수리 トクスリ | チューリップ | 튤립 トゥルリプ |
| | | 花 | 꽃 コッ |

● 職業 ● 動物 ● 植物

| | | | |
|---|---|---|---|
| バラ | 장미<br><sub>チャンミ</sub> | 下に | 밑에<br><sub>ミテ</sub> |
| ヒマワリ | 해바라기<br><sub>ヘバラギ</sub> | 右に | 오른쪽에<br><sub>オルンチョゲ</sub> |
| ホウセンカ | 봉선화<br><sub>ポンソヌァ</sub> | 左に | 왼쪽에<br><sub>ウェンチョゲ</sub> |
| マツ | 소나무<br><sub>ソナム</sub> | 横に | 옆에<br><sub>ヨッペ</sub> |
| ムクゲ | 무궁화<br><sub>ムグンファ</sub> | 中に | 안에<br><sub>アネ</sub> |
| モモ | 복숭아<br><sub>ポクスンア</sub> | 外に | 밖에<br><sub>パッケ</sub> |
| ヤナギ | 버드나무<br><sub>ポドゥナム</sub> | 近くに | 가까이<br><sub>カッカイ</sub> |

### 方角

| | | | |
|---|---|---|---|
| 東 | 동쪽<br><sub>トンチョク</sub> | 遠くに | 멀리<br><sub>モルリ</sub> |

### 国名

| | | | |
|---|---|---|---|
| 西 | 서쪽<br><sub>ソチョク</sub> | アジア | 아시아<br><sub>アシア</sub> |
| 南 | 남쪽<br><sub>ナムチョク</sub> | アフリカ | 아프리카<br><sub>アプリカ</sub> |
| 北 | 북쪽<br><sub>プクチョク</sub> | アメリカ | 미국<br><sub>ミグク</sub> |
| 前に | 앞에<br><sub>アッペ</sub> | アルゼンチン | 아르헨티나<br><sub>アルヘンティナ</sub> |
| 後ろに | 뒤에<br><sub>トィエ</sub> | イギリス | 영국<br><sub>ヨングク</sub> |
| 上に | 위에<br><sub>ウィエ</sub> | イタリア | 이탈리아<br><sub>イタルリア</sub> |

| 日本語 | 韓国語 | 読み |
|---|---|---|
| インド | 인도 | インド |
| オーストラリア | 호주 | ホジュ |
| シンガポール | 싱가폴 | シンガボル |
| タイ | 태국 | テグク |
| 大韓民国 | 대한민국 | テハンミングク |
| 朝鮮民主主義人民共和国 | 북한 | ブッカン |
| 台湾 | 대만 | テマン |
| 中国 | 중국 | チュングク |
| ドイツ | 독일 | トギル |
| 南米 | 남미 | ナムミ |
| 日本 | 일본 | イルボン |
| ブラジル | 브라질 | ブラジル |
| フランス | 프랑스 | プランス |
| ベトナム | 월남 | ウォルナム |
| 香港 | 홍콩 | ホンコン |
| マレーシア | 말레이지아 | マルレイジア |
| ヨーロッパ | 유럽 | ユロブ |
| ロシア | 러시아 | ロシア |

## 韓国の地名

| 日本語 | 韓国語 | 読み |
|---|---|---|
| 京畿道 | 경기도 | キョンギド |
| 江原道 | 강원도 | カンウォンド |
| 忠清北道 | 충청북도 | チュンチョンブクド |
| 忠清南道 | 충청남도 | チュンチョンナムド |
| 慶尚北道 | 경상북도 | キョンサンブクド |
| 慶尚南道 | 경상남도 | キョンサンナムド |
| 全羅北道 | 전라북도 | チョルラブクド |
| 全羅南道 | 전라남도 | チョルラナムド |
| ソウル | 서울 | ソウル |
| 仁川 | 인천 | インチョン |
| 板門店 | 판문점 | パンムンジョム |

| | | | |
|---|---|---|---|
| 春川 | 춘천 チュンチョン | 名古屋 | 나고야 ナゴヤ |
| 水原 | 수원 スウォン | 京都 | 교토 キョト |
| 清州 | 청주 チョンジュ | 奈良 | 나라 ナラ |
| 大田 | 대전 テジョン | 大阪 | 오사카 オサカ |
| 大邱 | 대구 テグ | 神戸 | 고베 コベ |
| 蔚山 | 울산 ウルサン | 広島 | 히로시마 ヒロシマ |
| 慶州 | 경주 キョンジュ | 九州 | 구주 クジュ |
| 釜山 | 부산 プサン | 福岡 | 후쿠오카 フクオカ |
| 全州 | 전주 チョンジュ | | |
| 光州 | 광주 クァンジュ | | |
| 済州 | 제주 チェジュ | | |

### 日本の地名

| | |
|---|---|
| 北海道 | 홋카이도 ホッカイド |
| 東京 | 도쿄 トキョ |
| 横浜 | 요코하마 ヨコハマ |

### 地理

| | |
|---|---|
| 池 | 연못 ヨンモッ |
| 海 | 바다 パダ |
| 丘 | 언덕 オンドク |
| 河川敷 | 하천부지 ハチョンブジ |
| 川 | 강 カン |
| 島 | 섬 ソム |

| 日本語 | 韓国語 | 発音 |
|---|---|---|
| 滝 | 폭포 | ポク ポ |
| 牧場 | 목장 | モク ジャン |
| 湖 | 호수 | ホ ス |
| 山 | 산 | サン |

## 天候

| 日本語 | 韓国語 | 発音 |
|---|---|---|
| 天気予報 | 일기예보 | イル ギ イェ ボ |
| 降水確率 | 강수 확률 | カン ス ハン ニュル |
| 晴れ | 맑음 | マル グム |
| 曇り | 흐림 | フ リム |
| 雨 | 비 | ピ |
| 雪 | 눈 | ヌン |
| ふぶき | 눈보라 | ヌン ボ ラ |
| 風 | 바람 | パ ラム |
| 台風 | 태풍 | テ プン |
| 夕立 | 소나기 | ソ ナ ギ |
| 霧 | 안개 | アン ゲ |
| 梅雨 | 장마 | チャン マ |
| 雷 | 천둥 | チョン ドゥン |
| いなずま | 번개 | ポン ゲ |
| 気温 | 기온 | キ オン |
| 湿気 | 습기 | スプ キ |
| 氷点下 | 영하 | ヨン ハ |
| 暑い | 덥다 | トプ タ |
| 寒い | 춥다 | チュプ タ |
| 涼しい | 시원하다 | シ ウォ ナ ダ |
| 暖かい | 따뜻하다 | タ トゥッ タ ダ |
| 春 | 봄 | ポム |
| 夏 | 여름 | ヨ ルム |
| 秋 | 가을 | カ ウル |
| 冬 | 겨울 | キョ ウル |

| 漢字語の数詞 | | |
|---|---|---|
| 1 | 일 | イル |
| 2 | 이 | イ |
| 3 | 삼 | サム |
| 4 | 사 | サ |
| 5 | 오 | オ |
| 6 | 육 | ユク |
| 7 | 칠 | チル |
| 8 | 팔 | パル |
| 9 | 구 | ク |
| 10 | 십 | シプ |
| 11 | 십일 | シ ビル |
| 12 | 십이 | シ ビ |
| 13 | 십삼 | シプ サム |
| 14 | 십사 | シプ サ |
| 15 | 십오 | シ ポ |
| 16 | 십육 | シム ニュク |
| 17 | 십칠 | シプ チル |
| 18 | 십팔 | シプ パル |
| 19 | 십구 | シプ ク |
| 20 | 이십 | イ シプ |
| 30 | 삼십 | サム シプ |
| 40 | 사십 | サ シプ |
| 50 | 오십 | オ シプ |
| 60 | 육십 | ユク シプ |
| 70 | 칠십 | チル シプ |
| 80 | 팔십 | パル シプ |
| 90 | 구십 | ク シプ |
| 100 | 백 | ペク |
| 500 | 오백 | オ ペク |

| | | | |
|---|---|---|---|
| 1,000 | 천<br>チョン | とう | 열<br>ヨル |
| 1万 | 만<br>マン | 11 | 열하나<br>ヨラナ |
| 10万 | 십만<br>シンマン | 12 | 열둘<br>ヨルトゥル |
| 100万 | 백만<br>ペンマン | 13 | 열셋<br>ヨルセッ |
| 1億 | 일억<br>イロク | 14 | 열넷<br>ヨルレッ |

## 固有語の数詞

| | | | |
|---|---|---|---|
| ひとつ | 하나<br>ハナ | 15 | 열다섯<br>ヨルタソッ |
| ふたつ | 둘<br>トゥル | 16 | 열여섯<br>ヨルヨソッ |
| みっつ | 셋<br>セッ | 17 | 열일곱<br>ヨルイルゴプ |
| よっつ | 넷<br>ネッ | 18 | 열여덟<br>ヨルヨドル |
| いつつ | 다섯<br>タソッ | 19 | 열아홉<br>ヨルアホプ |
| むっつ | 여섯<br>ヨソッ | 20 | 스물<br>スムル |
| ななつ | 일곱<br>イルゴプ | 30 | 서른<br>ソルン |
| やっつ | 여덟<br>ヨドル | 40 | 마흔<br>マフン |
| ここのつ | 아홉<br>アホプ | 50 | 쉰<br>スィン |
| | | 60 | 예순<br>イェスン |

| | | | |
|---|---|---|---|
| 70 | 일흔<br>イ ルン | 11時 | 열한시<br>ヨ ランシ |
| 80 | 여든<br>ヨ ドゥン | 12時 | 열두시<br>ヨル トゥ シ |
| 90 | 아흔<br>ア フン | 10分 | 십분<br>シプ プン |
| 99 | 아흔아홉<br>ア フン ア ホプ | 20分 | 이십분<br>イ シプ プン |
| **時間** | | 30分 | 삼십분<br>サム シプ プン |
| 1時 | 한시<br>ハン シ | 5秒 | 오초<br>オ チョ |
| 2時 | 두시<br>トゥ シ | 15秒 | 십오초<br>シ ボ チョ |
| 3時 | 세시<br>セ シ | 午前 | 오전<br>オ ジョン |
| 4時 | 네시<br>ネ シ | 午後 | 오후<br>オ フ |
| 5時 | 다섯시<br>タ ソッ シ | 朝 | 아침<br>アッ チム |
| 6時 | 여섯시<br>ヨ ソッ シ | 昼 | 낮<br>ナッ |
| 7時 | 일곱시<br>イル ゴプ シ | 夜 | 밤<br>パム |
| 8時 | 여덟시<br>ヨ ドル シ | 今日 | 오늘<br>オ ヌル |
| 9時 | 아홉시<br>ア ホプ シ | 昨日 | 어제<br>オ ジェ |
| 10時 | 열시<br>ヨル シ | 明日 | 내일<br>ネ イル |

## 月日／曜日

| | | | |
|---|---|---|---|
| 1月 | 일월<br>イ ロル | 3日 | 삼일<br>サ ミル |
| 2月 | 이월<br>イ ウォル | 4日 | 사일<br>サ イル |
| 3月 | 삼월<br>サ モル | 5日 | 오일<br>オ イル |
| 4月 | 사월<br>サ ウォル | 10日 | 십일<br>シ ビル |
| 5月 | 오월<br>オ ウォル | 15日 | 십오일<br>シ ボ イル |
| 6月 | 유월<br>ユ ウォル | 20日 | 이십일<br>イ シ ビル |
| 7月 | 칠월<br>チ ロル | 25日 | 이십오일<br>イ シ ボ イル |
| 8月 | 팔월<br>パ ロル | 30日 | 삼십일<br>サム シ ビル |
| 9月 | 구월<br>ク ウォル | 日曜日 | 일요일<br>イ リョ イル |
| 10月 | 시월<br>シ ウォル | 月曜日 | 월요일<br>ウォ リョ イル |
| 11月 | 십일월<br>シ ビ ロル | 火曜日 | 화요일<br>ファ ヨ イル |
| 12月 | 십이월<br>シ ビ ウォル | 水曜日 | 수요일<br>ス ヨ イル |
| 1日 | 일일<br>イ リル | 木曜日 | 목요일<br>モ ギョ イル |
| 2日 | 이일<br>イ イル | 金曜日 | 금요일<br>ク ミョ イル |
| | | 土曜日 | 토요일<br>ト ヨ イル |

著者紹介／**石田美智代**（いしだ みちよ）

1987年韓国高麗大学語学研修コース
受講、1990年法政大学法学部卒業。
法廷通訳をはじめ、歴史、政治関係等の
講演会、勉強会などの通訳を通じて、
日韓の交流をライフワークとしている。
著書に『やさしい韓国語会話』（高橋書店）、
共著に『アジアってなに？』（岩崎書店）、
『韓国公害レポート』（新幹社）、共訳に
『新韓国読本』（社会評論社）がある。

編　集／**有限会社テクスタイド**
　　　　田浦裕朗、能井聡子

---

カンタン基本フレーズで
# 韓国語がしゃべれる本

著　者／**石田美智代**

発行者／**永岡修一**

発行所／**株式会社永岡書店**
　　　　〒176-8518 東京都練馬区豊玉上1-7-14
　　　　電話：03-3992-5155（代表）
　　　　　　　03-3992-7191（編集）

印　刷／**精文堂印刷**

製　本／**若林製本**

本書の無断複写・複製・転載を禁じます。
乱丁、落丁本はお取り替えいたします。㉝

ISBN 978-4-522-42044-7 C2087